국가공인
필수교재

한자능력 검정시험

기출·예상문제집
한국어문회가 직접 발간한 문제집

7급 II

머리말

우리의 글은 70% 이상이 한자로 이루어져 있다. 비록 우리말이 소리로 표시된다고 하더라도, 결국 그 표시의 근본이 한자였기 때문에 한글이 만들어지기 전까지는 우리의 모든 역사와 생활이 한자로 기록되었고, 한글 창제이후에도 대부분의 기록은 한자로 이루어졌다.

따라서 우리의 학문, 역사, 민속 등 모든 문화유산은 한자를 모르고는 정확히 이해할 수 없으며, 무엇보다 지금 당장의 생활과 공부를 위해서도 한자가 필요한 것이다.

그 동안 어문교육에 대한 이견으로 한자 교육의 방향성이 중심을 잡지 못하고 표류하였으나 아무리 한글전용이 기본이고 어려운 한자어를 우리말로 바꾸는 작업을 꾸준히 한다 하더라도 눈앞에 문장을 이해하지 못하고 어쩔 수 없이 사교육의 영역에서 한자를 공부하는 현실을 부인할 수 없는 것이다. 공교육의 영역에서 충실한 한자교육이 이루어지지 못하는 지금의 상황에서는 한자학습의 주요한 동기부여수단의 하나인 동시에 학습결과도 확인해볼 수 있는 한자능력검정시험의 역할이 더욱 중요하기 때문에, 우선적으로 시험을 위한 문제집으로서 이 책을 출간하게 되었다. 한자공부가 어렵게만 느껴지는 분들에게 이 책이 충분히 도움이 될 것으로 믿으며, 한자학습을 지도하는 부모님들이나 선생님들의 부담도 덜어줄 것이라고 감히 추천하는 바이다.

이 책의 구성

- **출제 및 합격기준**
- **출제유형분석** – 학습이나 지도의 가이드라인을 제시
- **배정한자 및 사자성어 수록**
- **반대자**
- **유의자**
- **약자**
- **예상문제** – 기출문제분석에 의한 배정한자의 문제화
- **실제시험답안지** – 회별로 구성
- **최근 기출문제 8회분 수록**
- **배정한자 쓰기** – 100자 수록

이 책이 여러분들의 한자실력향상에 도움이 되기를 바란다.

편저자 씀

항공등급사정 공식별 종목기준

구분	늘급	늘급II	1급	2급	2급II	3급	3급II	4급	4급II	5급	5급II	6급	6급II	7급	7급II	8급
연기 배점 합계	5,978	4,918	3,500	2,355	2,005	1,817	1,500	1,000	750	500	400	300	225	150	100	50
쓰기 배점 합계	3,500	3,500	2,355	1,817	1,000	750	500	400	300	225	150	50	0	0	0	0
녹음	24	22	32	35	35	35	33	32	35	35	35	32	24			
쓰기 세기	0	0	10	20	20	20	20	30	30	40	40	40	30			
공 등	27	27	32	27	27	27	22	22	23	29	30	24				
운영[장이]	10	10	10	10	5	4	3	2	2	2						
타이	10	10	10	10	10	3	3	3	2	2	2					
동원이	5	10	10	5	5	3	3	3	2	2	2					
동이이양	10	10	10	5	5	3	3	2	0	0	0	0				
무수	10	10	10	5	5	3	3	0	0	0	0	0				
동의이	10	10	10	5	5	3	3	2	0	0	0	0				
장등음	10	10	10	5	5	0	0	0	0	0	0	0				
야지	3	3	3	3	3	3	3	3	0	0	0	0	0	0		
달음	0	0	0	0	0	0	0	0	3	3	3	2	2	2		
공 문	20	20	0	0	0	0	0	0	0	0	0	0	0	0		

- 상의급수 연기자 모든 하위급수 연기를 포함하고 있습니다.
- 쓰기 배점 연기자 연기 어려하 연기 배점점수가 그 안에 내재 되어 있습니다.
- 통계발표는 기록부경기자료이, 통계집계 이후에 따라 차이가 있을 수 있습니다.
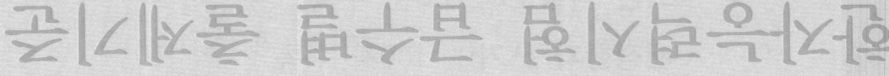
- 공인급수는 교수내외기 공립부터 고기평균지켜 종인동의 받을 늘급 · 늘급II · 1급 · 2급 · 3급 · 3급II의 교수 공동공연급사정경영에서 신기자경치 4급 · 4급II · 5급 · 5급II · 6급 · 6급II · 7급 · 7급II · 8급 입니다.
- 5급II · 7급II 시정 공수로 2010년 11월 13일 시행부터 적용됩니다.
- 6급II 연기 쓰기 배점점자는 2010년 11월 13일 시행부터 300점에서 225점으로 조정됩니다.

항공등급사정 공식별 정기기준

구분	늘급	늘급II	1급	2급	2급II	3급	3급II	4급	4급II	5급	5급II	6급	6급II	7급	7급II	8급
종시문수	200	200	150	150	100	100	100	100	90	80	70	60	50
통과문수	160	163	160	105	105	70	70	70	63	56	49	42	35
시행시간	100분	100분	90분	60분	60분	50분	50분	50분	50분	50분	50분	50분	50분

- 늘급, 늘급II, 1급 종급 공평상의 80% 이상, 2급~8급은 70% 이상 등 합격이 결정입니다.

차 례

머리말 　　　　　　　　　　　　　　　　　　3
출제유형 및 합격기준 　　　　　　　　　　　4
유형분석 　　　　　　　　　　　　　　　　　6
배정한자(8급~7급Ⅱ) 　　　　　　　　　　　9
사자성어 　　　　　　　　　　　　　　　　　11
반대자 　　　　　　　　　　　　　　　　　　12
유의자 　　　　　　　　　　　　　　　　　　13
약자 　　　　　　　　　　　　　　　　　　　13

7급Ⅱ 예상문제

- 제 1회 예상문제 　　　　　　　　　　　17
- 제 2회 예상문제 　　　　　　　　　　　21
- 제 3회 예상문제 　　　　　　　　　　　25
- 제 4회 예상문제 　　　　　　　　　　　29
- 제 5회 예상문제 　　　　　　　　　　　33
- 제 6회 예상문제 　　　　　　　　　　　37
- 제 7회 예상문제 　　　　　　　　　　　41
- 제 8회 예상문제 　　　　　　　　　　　45
- 제 9회 예상문제 　　　　　　　　　　　49

예상문제 정답 / 53

7급Ⅱ 기출문제

- 제101회 한자능력검정시험(2023.06.03 시행) 　　59
- 제102회 한자능력검정시험(2023.08.26 시행) 　　61
- 제103회 한자능력검정시험(2023.11.11 시행) 　　63
- 제104회 한자능력검정시험(2024.02.24 시행) 　　65
- 제105회 한자능력검정시험(2024.05.25 시행) 　　67
- 제106회 한자능력검정시험(2024.08.24 시행) 　　69
- 제107회 한자능력검정시험(2024.11.09 시행) 　　71
- 제108회 한자능력검정시험(2025.02.22 시행) 　　73

기출문제 정답 / 75

7급Ⅱ 배정한자 쓰기 　　　　　　　　77

유형분석(類型分析)

→ 기출문제의 유형들을 분석하여 실제문제에 완벽히 대비할 수 있도록 하였습니다.

　　7級Ⅱ에서는 8級과 달리 한자어의 讀音(독음), 한자의 訓(훈 : 뜻)과 音(음 : 소리), 筆順(필순 : 한자 낱글자의 쓰는 순서) 문제 외에 한자어의 빈칸을 메워 완성하는 문제, 뜻이 반대되는 글자나 단어를 지문에서 찾아내는 문제, 한자어의 뜻을 풀이하는 문제 등이 추가되며, 총 70문제가 출제된다.

　　우선 정해진 배정한자 100자 낱글자의 훈음과 쓰는 순서를 모두 익힌 뒤에 그 글자들이 어울려 만들어내는 한자어의 독음과 뜻도 학습하여야 한다. 그리고 반대자[뜻이 반대인 글자], 반대어[뜻이 반대인 한자어]의 개념도 학습하여야 한다.

　　시험에서 중요한 사항은 우선 출제자가 요구하는 답이 무엇인지 질문을 통해 확인하여야 한다. 기출문제를 풀어보면 알 수 있지만 대개 질문은 회차에 무관하게 각 급수별로 일정한 유형으로 정해져 있다. 따라서 기출문제를 통하여 질문에 익숙해져야 한다.

1　讀音(독음 : 읽는 소리) 문제는 대개 지문과 함께 한자어가 제시된다.

> **다음 밑줄 친 漢字語(한자어)의 音(음 : 소리)을 쓰세요. (1~5)**
>
> | 보기 | 漢字 → 한자 |
> |---|---|
>
> **1** 사람은 <u>萬物</u>의 영장입니다.　　　**2** 철수는 <u>算數</u>를 잘 합니다.
>
> **3** 누이는 <u>女軍</u>이 되었습니다.　　　**4** 다음 달은 <u>十月</u>입니다.
>
> **5** 그 문제에 대한 <u>名答</u>으로 평가됩니다.

기본적으로 한자 낱글자의 소리를 알고 있으면 답할 수 있다. 다만 8급에서와 마찬가지로 두음법칙이나 속음 등에 주의하면 된다. 여기의 **3** 女軍과 **4** 十月의 답은 '여군', '시월'로 하여야 하고 '녀군', '십월'로 하면 안 된다. '女'는 본래 소리가 '녀'이지만 국어에는 두음법칙이 있어 첫소리에 'ㄴ, ㄹ'이 오는 것을 꺼리는 경우가 있으므로 '여'로 하여야 한다. 물론 한자어가 '男女'로 '女'가 뒤에 온다면 '남녀'로 정상적으로 '녀'로 답하면 된다. 또 '十月'의 경우는 '시월'로 적어야 하며, '십월'로 적으면 틀린 답이 된다. 속음이라 하여 국어에는 한국인이 소리내기 쉽게 한자음이 바뀌는 경우 등이 발생하며 이런 때는 바뀐 한자 소리를 우선하여야 한다. 이런 한자어들은 사례가 많지 않으므로 기본 지침서를 활용하여 익혀두면 된다.

유형분석(類型分析)

2 한자의 訓(훈 : 뜻)과 音(음 : 소리) 문제는 대개 다음과 같다.

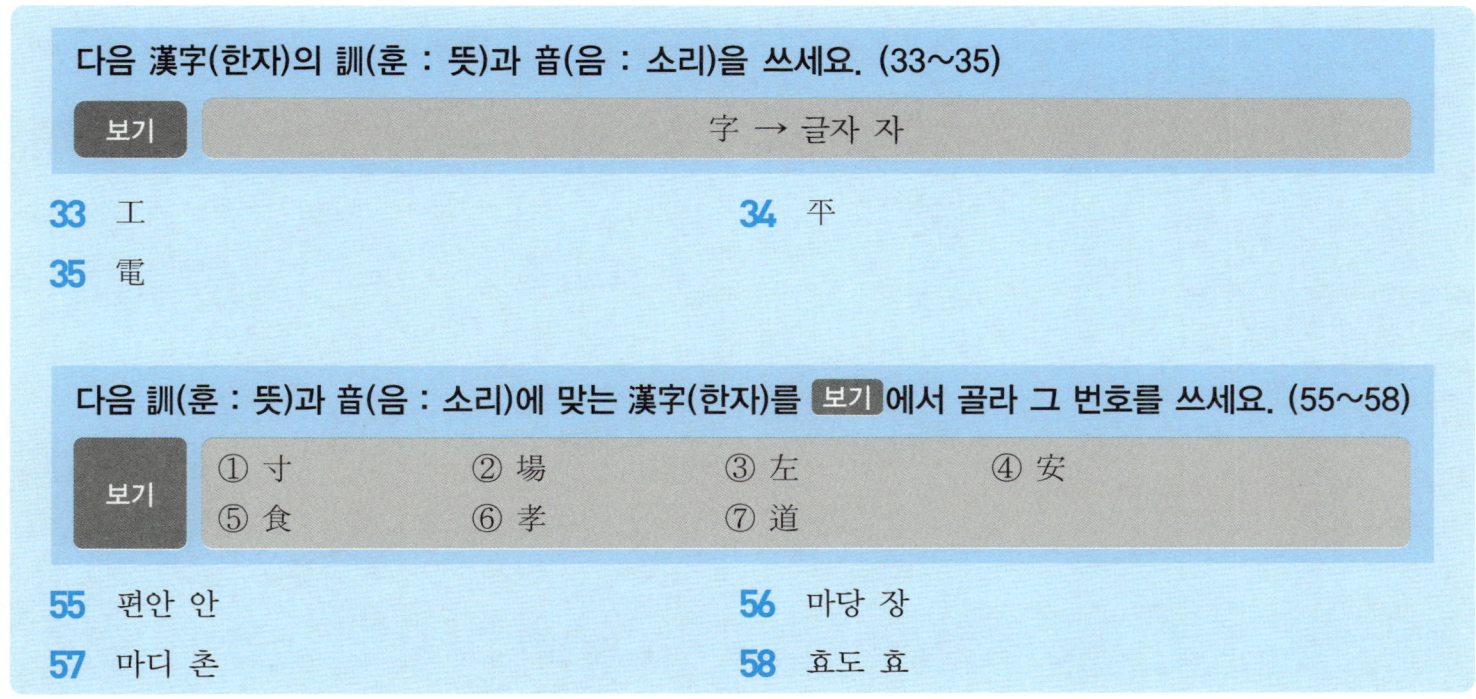

다음 漢字(한자)의 訓(훈 : 뜻)과 音(음 : 소리)을 쓰세요. (33~35)

보기 字 → 글자 자

33 工   34 平
35 電

다음 訓(훈 : 뜻)과 音(음 : 소리)에 맞는 漢字(한자)를 보기에서 골라 그 번호를 쓰세요. (55~58)

보기
① 寸 ② 場 ③ 左 ④ 安
⑤ 食 ⑥ 孝 ⑦ 道

55 편안 안   56 마당 장
57 마디 촌   58 효도 효

유형해설
위의 訓(훈 : 뜻)과 音(음 : 소리) 문제는 한자 낱글자의 뜻과 소리를 알고 있으면 풀 수 있는 문제들이다.

3 한자의 筆順(필순 : 한자 낱글자의 쓰는 순서) 문제는 8급과 마찬가지로 한자 낱글자의 쓰는 순서를 알고 있으면 풀 수 있다.

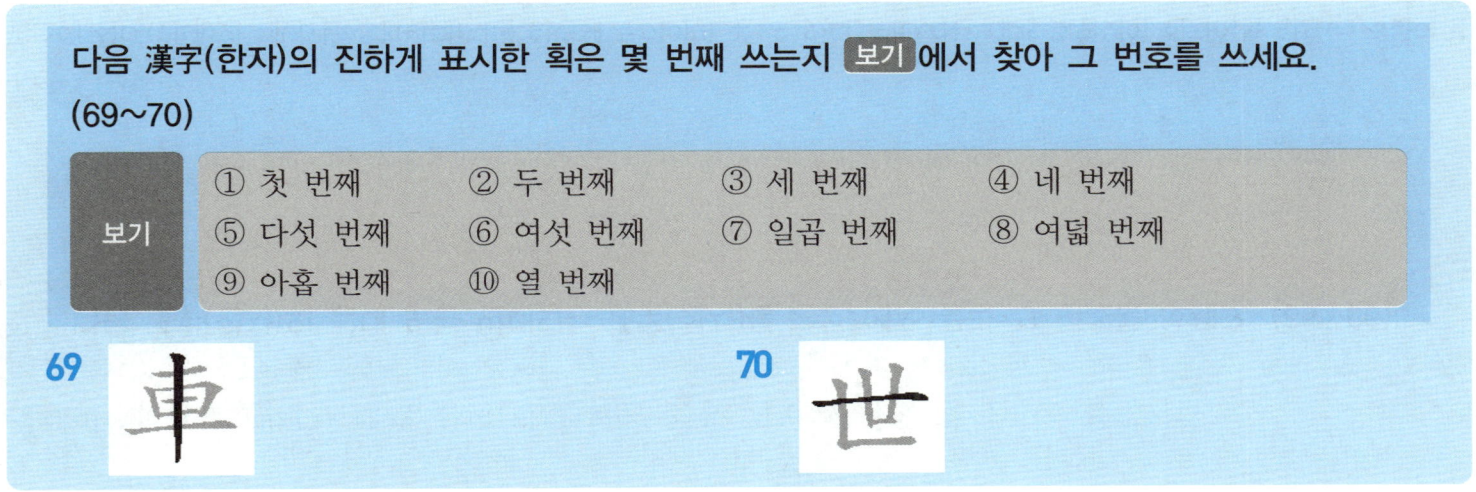

다음 漢字(한자)의 진하게 표시한 획은 몇 번째 쓰는지 보기에서 찾아 그 번호를 쓰세요. (69~70)

보기
① 첫 번째   ② 두 번째   ③ 세 번째   ④ 네 번째
⑤ 다섯 번째 ⑥ 여섯 번째 ⑦ 일곱 번째 ⑧ 여덟 번째
⑨ 아홉 번째 ⑩ 열 번째

69 車   70 世

유형해설
위의 문제처럼 대개 특정 획을 지정하여 몇 번째 쓰는 획인지를 물어보므로 한자 낱글자의 쓰는 순서를 평소에 익혀둔다면 무리 없이 답할 수 있다. 참고로 획수와 번호는 서로 일치되게 하였으므로 번호를 고를 때는 해당 획수와 일치하는 번호를 고르면 된다. 예로 다섯 번째 획이면 ⑤번을 고르면 된다.

유형분석(類型分析)

4 한자어의 뜻풀이 문제는 대개 다음과 같다.

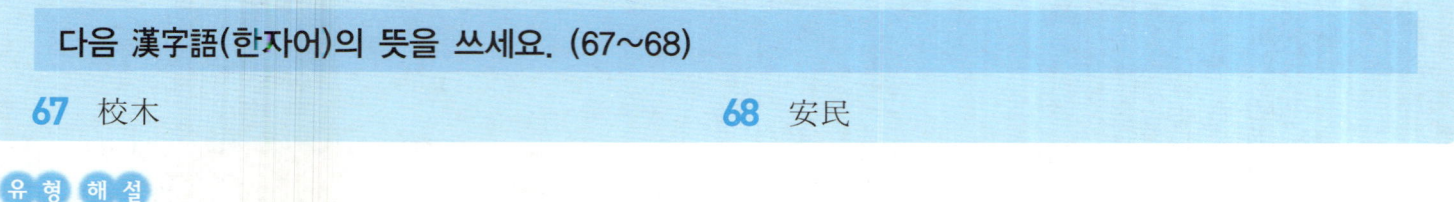

다음 漢字語(한자어)의 뜻을 쓰세요. (67~68)

67 校木   **68** 安民

유형해설

뜻풀이 문제는 배정한자 범위 내에 있는 자주 쓰이는 한자어들을 익혀 두어야 한다. 대개 한자의 훈음으로 한자어의 뜻을 알 수 있지만 순우리말과 풀이 순서가 다르므로 한자어의 구조에 대하여도 기본적인 것은 학습하여 두어야 한다. 예로 安民은 보통 '편안 안, 백성 민'으로 익혀 '편안한 백성' 식으로 풀이하기 쉬운데, 의미가 달라지므로 뒤에서부터 풀이하여 '백성을 편안하게 함.'이라는 뜻이 드러나도록 표현하여야 한다.

5 상대어(반대어) 문제는 대개 상대(반대)되는 뜻을 지닌 한자를 찾아내는 형태이다.

다음 漢字(한자)의 상대 또는 반대되는 漢字(한자)를 보기 에서 골라 그 번호를 쓰세요. (65~66)

| 보기 | ① 上 | ② 前 | ③ 長 | ④ 足 |

65 [   ] ↔ 下   **66** 手 ↔ [   ]

유형해설

평소에 상대(반대)의 개념과 상대(반대)자를 학습해 두어야만 풀 수 있다. 반대자는 대개 결합되어 한자어를 만드는 것들이 주로 출제된다. 위의 上下나 手足은 그대로 반대되는 뜻을 지닌 채 결합한 한자어들인 것이다. 따라서 한자어를 학습할 때 이런 점에 관심을 두고 이런 한자어들을 따로 추려 공부해 두면 문제를 쉽게 풀 수 있다.

상대(반대)는 완전히 다른 것은 아니다. 비교의 기준으로서 같은 점이 있어야 하고 하나 이상은 달라야 반대가 되는 것이다. 上下를 예로 들면 둘 다 방향을 나타낸다는 점에서는 같으나 하나는 위쪽을 하나는 아래쪽을 나타낸다는 점에서 반대가 되는 것이다. 五六를 예로 든다면 반대가 되지 않는다. 숫자라는 점에서는 같으나 반대가 되는 것이 없기 때문이다. 五가 아니라고 하여 반드시 六인 것은 아니고 一二三四七八九十 등도 있으므로 六만이 五의 반대가 될 수는 없다.

배정한자(配定漢字)
8급~7급Ⅱ(100자)

한자음 뒤에 나오는 ":"는 장음 표시입니다. "(:)"는 장단음 모두 사용되는 한자이며, ":"나 "(:)"이 없는 한자는 단음으로만 쓰입니다.

8급 배정한자(50자)

한자	훈	음	한자	훈	음	한자	훈	음	한자	훈	음
敎	가르칠	교:	母	어미	모:	小	작을	소:	中	가운데	중
校	학교	교:	木	나무	목	水	물	수	靑	푸를	청
九	아홉	구	門	문	문	室	집	실	寸	마디	촌:
國	나라	국	民	백성	민	十	열	십	七	일곱	칠
軍	군사	군	白	흰	백	五	다섯	오:	土	흙	토
金	쇠	금	父	아비	부	王	임금	왕	八	여덟	팔
	성(姓)	김	北	북녘	북	外	바깥	외:	學	배울	학
南	남녘	남		달아날	배:	月	달	월	韓	한국	한(:)
女	계집	녀	四	넉	사:	二	두	이:		나라	한(:)
年	해	년	山	메	산	人	사람	인	兄	형	형
大	큰	대(:)	三	석	삼	一	한	일	火	불	화(:)
東	동녘	동	生	날	생	日	날	일			
六	여섯	륙	西	서녘	서	長	긴	장(:)			
萬	일만	만:	先	먼저	선	弟	아우	제:			

☑ 8급 배정한자는 모두 50자로, 읽기 50자이며, 쓰기 배정한자는 없습니다. 가장 기초적인 한자들로 꼭 익혀 둡시다.

7급Ⅱ 배정한자(50자)

한자	훈	음	한자	훈	음	한자	훈	음	한자	훈	음
家	집	가	工	장인	공	內	안	내:	力	힘	력
間	사이	간(:)	空	빌	공	農	농사	농	立	설	립
江	강	강	氣	기운	기	答	대답	답	每	매양	매(:)
車	수레	거	記	기록할	기	道	길	도:	名	이름	명
	수레	차	男	사내	남	動	움직일	동:	物	물건	물

배정한자(配定漢字)

方	모(稜)	방	食	밥	식	全	온전	전	漢	한수	한:
不	아닐	불		먹을	식	前	앞	전		한나라	한:
事	일	사:	安	편안	안	電	번개	전:	海	바다	해:
上	윗	상:	午	낮	오:	正	바를	정(:)	話	말씀	화
姓	성	성:	右	오를	우:	足	발	족	活	살	활
世	인간	세:		오른(쪽)	우:	左	왼	좌:	孝	효도	효:
手	손	수(:)	子	아들	자	直	곧을	직	後	뒤	후:
市	저자	시:	自	스스로	자	平	평평할	평			
時	때	시	場	마당	장	下	아래	하:			

☑ 7급Ⅱ 배정한자는 모두 100자로, 8급 배정한자(50자)를 제외한 50자만을 담았습니다. 8급과 마찬가지로 쓰기 배정한자는 없습니다.

사자성어(四字成語)

8급 사자성어

國民年金 (나라 국, 백성 민, 해 년, 쇠 금) — 일정 기간 또는 죽을 때까지 해마다 지급되는 일정액의 돈 (국민연금)

父母兄弟 (아비 부, 어미 모, 형 형, 아우 제) — 아버지·어머니·형·아우라는 뜻으로, 가족을 이르는 말

生年月日 (날 생, 해 년, 달 월, 날 일) — 태어난 해와 달과 날

大韓民國 (큰 대, 한나라 한, 백성 민, 나라 국) — 우리나라의 국호(나라이름)

三三五五 (석 삼, 석 삼, 다섯 오, 다섯 오) — 서너 사람 또는 대여섯 사람이 떼를 지어 다니거나 무슨 일을 함

十中八九 (열 십, 가운데 중, 여덟 팔, 아홉 구) — 열 가운데 여덟이나 아홉 정도로 거의 대부분이거나 거의 틀림 없음

東西南北 (동녘 동, 서녘 서, 남녘 남, 북녘 북) — 동쪽·서쪽·남쪽·북쪽이라는 뜻으로, 모든 방향을 이르는 말

7급 II 사자성어

南男北女 (남녘 남, 사내 남, 북녘 북, 계집 녀) — 우리나라에서, 남자는 남쪽 지방 사람이 잘나고 여자는 북쪽 지방 사람이 고움을 이르는 말

上下左右 (윗 상, 아래 하, 왼 좌, 오른 우) — 위·아래·왼쪽·오른쪽을 이르는 말로, 모든 방향을 이름

土木工事 (흙 토, 나무 목, 장인 공, 일 사) — 땅과 하천 따위를 고쳐 만드는 공사

四方八方 (넉 사, 모 방, 여덟 팔, 모 방) — 여기저기 모든 방향이나 방면

世上萬事 (인간 세, 윗 상, 일만 만, 일 사) — 세상에서 일어나는 온갖 일

八道江山 (여덟 팔, 길 도, 강 강, 메 산) — 팔도의 강산이라는 뜻으로, 우리나라 전체의 강산을 이르는 말

四海兄弟 (넉 사, 바다 해, 형 형, 아우 제) — 온 세상 사람이 모두 형제와 같다는 뜻으로, 친밀함을 이르는 말

人山人海 (사람 인, 메 산, 사람 인, 바다 해) — 사람이 수없이 많이 모인 상태를 이르는 말

반대자(反對字) – 뜻이 반대되는 한자(漢字)

江(강) 7급Ⅱ	↔	山(산) 8급	北(북) 8급	↔	南(남) 8급	子(자) 7급Ⅱ	↔	母(모) 8급
敎(교) 8급	↔	學(학) 8급	山(산) 8급	↔	海(해) 7급Ⅱ	前(전) 7급Ⅱ	↔	後(후) 7급Ⅱ
男(남) 7급Ⅱ	↔	女(녀) 8급	上(상) 7급Ⅱ	↔	下(하) 7급Ⅱ	弟(제) 8급	↔	兄(형) 8급
南(남) 8급	↔	北(북) 8급	先(선) 8급	↔	後(후) 7급Ⅱ	左(좌) 7급Ⅱ	↔	右(우) 7급Ⅱ
內(내) 7급Ⅱ	↔	外(외) 8급	手(수) 7급Ⅱ	↔	足(족) 7급Ⅱ	中(중) 8급	↔	外(외) 8급
大(대) 8급	↔	小(소) 8급	水(수) 8급	↔	火(화) 8급	海(해) 7급Ⅱ	↔	空(공) 7급Ⅱ
東(동) 8급	↔	西(서) 8급	右(우) 7급Ⅱ	↔	左(좌) 7급Ⅱ	兄(형) 8급	↔	弟(제) 8급
母(모) 8급	↔	子(자) 7급Ⅱ	月(월) 8급	↔	日(일) 8급	後(후) 7급Ⅱ	↔	先(선) 8급
父(부) 8급	↔	母(모) 8급	日(일) 8급	↔	月(월) 8급			
父(부) 8급	↔	子(자) 7급Ⅱ	子(자) 7급Ⅱ	↔	女(녀) 8급			

유의자(類義字) - 뜻이 비슷한 한자(漢字)

家(가) 7급Ⅱ	-	室(실) 8급	室(실) 8급	-	家(가) 7급Ⅱ	正(정) 7급Ⅱ	-	直(직) 7급Ⅱ
方(방) 7급Ⅱ	-	道(도) 7급Ⅱ	安(안) 7급Ⅱ	-	全(전) 7급Ⅱ	平(평) 7급Ⅱ	-	安(안) 7급Ⅱ
方(방) 7급Ⅱ	-	正(정) 7급Ⅱ	安(안) 7급Ⅱ	-	平(평) 7급Ⅱ			
生(생) 8급	-	活(활) 7급Ⅱ	正(정) 7급Ⅱ	-	方(방) 7급Ⅱ			

약자(略字)

| 國 나라 국 | - | 国 8급 | 萬 일만 만: | - | 万 8급 |
| 氣 기운 기 | - | 気 7급Ⅱ | 學 배울 학 | - | 学 8급 |

한자능력검정시험
7급Ⅱ 예상문제 (1~9회)

- 예상문제(1~9회)
- 정답(53p~55p)

→ 본 예상문제는 수험생들의 기억에 의하여 재생된 기출문제를 토대로 분석하고 연구하여 만든 문제입니다.

제1회 한자능력검정시험 7급 II 예상문제

(社) 한국어문회 주관 · 한국한자능력검정회 시행

문 항 수 : 60문항
합격문항 : 42문항
제한시간 : 50분

01 다음 밑줄 친 漢字語(한자어)의 音(음 : 소리)을 쓰세요. (1~22)

보기: 漢字 → 한자

1. 우리 집은 학교에서 <u>南東</u> 쪽에 있습니다. [   ]
2. 운동장은 <u>正門</u>으로 들어가야 합니다. [   ]
3. 오늘은 <u>午前</u> 수업 밖에 없습니다. [   ]
4. 저기에 우리 고을의 <u>市長</u>이 오십니다. [   ]
5. 요새는 시골 마을에도 <u>水道</u>가 들어옵니다. [   ]
6. 산 속은 <u>空氣</u>가 맑습니다. [   ]
7. 이 집이 김 선생의 <u>生家</u>입니다. [   ]
8. 우리나라는 <u>每年</u> 나무를 심습니다. [   ]
9. 학생들은 <u>動物</u>을 사랑합니다. [   ]
10. 우리 아버지는 <u>農軍</u>이십니다. [   ]
11. 저 집 아저씨는 큰 <u>工場</u>에서 일하십니다. [   ]
12. 이 <u>世上</u>에는 훌륭한 사람이 많습니다. [   ]
13. 지구상에는 <u>男子</u>가 거의 반이나 살고 있습니다. [   ]
14. 일을 할 때에는 <u>先後</u>를 가려서 합니다. [   ]
15. 자기 <u>姓名</u>은 한자로 쓸 줄 알아야 합니다. [   ]
16. 우리나라는 <u>江山</u>이 아름답습니다. [   ]
17. 마을 <u>中間</u>에 큰 밭이 있습니다. [   ]
18. 저 집은 <u>兄弟</u> 사이가 좋습니다. [   ]
19. 할아버지 연세는 <u>七十</u>입니다. [   ]
20. 저 큰 건물이 우리들의 <u>母校</u>입니다. [   ]
21. 겨울에는 <u>電力</u>이 모자랍니다. [   ]
22. <u>室內</u>에서는 조용히 하는 것이 좋습니다. [   ]

02 다음 漢字(한자)의 訓(훈 : 뜻)과 音(음 : 소리)을 쓰세요. (23~42)

보기: 字 → 글자 자

23. 自 [   ]
24. 車 [   ]
25. 不 [   ]
26. 答 [   ]
27. 事 [   ]
28. 平 [   ]
29. 孝 [   ]
30. 小 [   ]
31. 下 [   ]
32. 立 [   ]
33. 時 [   ]
34. 安 [   ]
35. 全 [   ]
36. 父 [   ]
37. 靑 [   ]
38. 直 [   ]
39. 記 [   ]
40. 學 [   ]
41. 話 [   ]
42. 九 [   ]
43. 金 [   ]
44. 大 [   ]
45. 食 [   ]
46. 活 [   ]

제1회 한자능력검정시험 7급Ⅱ 예상문제

47 王 [ ]

48 萬 [ ]

49 民 [ ]

50 北 [ ]

51 外 [ ]

52 火 [ ]

53 寸 [ ]

54 西 [ ]

03 다음 밑줄 친 성어의 빈칸에 들어갈 漢字語(한자어)를 〈보기〉에서 골라 그 번호를 쓰세요. (55~56)

| 보기 | ① 人山 ② 土木 ③ 左右 ④ 八方 |

55 이번 불꽃놀이에 구경꾼이 (___)人海를 이루었습니다.

56 큰 길을 건너려면 四方(___)을 잘 살펴야 합니다.

04 다음 漢字(한자)의 상대 또는 반대되는 漢字(한자)를 〈보기〉에서 골라 그 번호를 쓰세요. (57~58)

| 보기 | ① 足 ② 女 ③ 月 ④ 六 |

57 手 ↔ ( )

58 日 ↔ ( )

05 다음 漢字(한자)의 진하게 표시한 획은 몇 번째 쓰는지 〈보기〉에서 찾아 그 번호를 쓰세요. (59~60)

| 보기 | ① 첫 번째 ② 두 번째
③ 세 번째 ④ 네 번째
⑤ 다섯 번째 ⑥ 여섯 번째 |

59

安 [ ]

60

市 [ ]

사단법인 한국어문회 · 한국한자능력검정회   20 . ( ). ( ).   7 2 1

수험번호 □□□-□□-□□□□   **성명** □□□□□

생년월일 □□□□□□   ※ 유성 싸인펜, 붉은색 필기구 사용 불가.

※ 답안지는 컴퓨터로 처리되므로 구기거나 더럽히지 마시고, 정답 칸 안에만 쓰십시오. 글씨가 채점란으로 들어오면 오답처리가 됩니다.

제   회 전국한자능력검정시험 7급Ⅱ 답안지(1)   (시험시간 50분)

번호	답안란 정답	채점란 1검	2검	번호	답안란 정답	채점란 1검	2검	번호	답안란 정답	채점란 1검	2검
1				10				19			
2				11				20			
3				12				21			
4				13				22			
5				14				23			
6				15				24			
7				16				25			
8				17				26			
9				18				27			

감독위원	채점위원(1)		채점위원(2)		채점위원(3)	
(서명)	(득점)	(서명)	(득점)	(서명)	(득점)	(서명)

※ 뒷면으로 이어짐

사단법인 한국어문회 · 한국한자능력검정회 　　　 20 . ( ). ( ). 　　 7 2 2

※ 답안지는 컴퓨터로 처리되므로 구기거나 더럽히지 마시고, 정답 칸 안에만 쓰십시오. 글씨가 채점란으로 들어오면 오답처리가 됩니다.

제　　회 전국한자능력검정시험 7급Ⅱ 답안지(2)

번호	정답	1검	2검	번호	정답	1검	2검	번호	정답	1검	2검
28				39				50			
29				40				51			
30				41				52			
31				42				53			
32				43				54			
33				44				55			
34				45				56			
35				46				57			
36				47				58			
37				48				59			
38				49				60			

제2회 한자능력검정시험 7급 II 예상문제

(社) 한국어문회 주관・한국한자능력검정회 시행

문 항 수 : 60문항
합격문항 : 42문항
제한시간 : 50분

01 다음 밑줄 친 漢字語(한자어)의 音(음 : 소리)을 쓰세요. (1~22)

보기   漢字 → 한자

1 저는 집에서 어머니 家事를 도웁니다. [   ]
2 큰 오빠가 우리 집 長子입니다. [   ]
3 우리들 兄弟는 사이가 좋습니다. [   ]
4 이 방이 우리가 공부하는 敎室입니다. [   ]
5 우리나라는 어느 마을에나 電氣가 들어옵니다. [   ]
6 우리 누나는 씩씩한 여자 空軍입니다. [   ]
7 이쪽이 北方으로 가는 길입니다. [   ]
8 솜씨 좋은 木手가 새집을 짓습니다. [   ]
9 배부른 상전은 배고픈 下人의 사정을 모른다고 합니다. [   ]
10 터널 中間에서 차가 멈추었습니다. [   ]
11 우리나라는 男女 차별이 없습니다. [   ]
12 그 어른은 平生 동안 훌륭하게 사셨습니다. [   ]
13 이 지역을 江南이라고 합니다. [   ]
14 북쪽에는 工場이 많습니다. [   ]
15 우리 할아버지께서는 여전히 活動하십니다. [   ]
16 父母님께서 언제나 돌보아 주십니다. [   ]
17 우리 마을에는 每年 새집이 늘어납니다. [   ]
18 봄에는 萬物이 기운을 냅니다. [   ]
19 그전에는 午後반 학생도 있었습니다. [   ]
20 우리나라 農民이 일을 잘합니다. [   ]
21 모든 시선들이 一時에 집중하였습니다. [   ]
22 저 학생이 저의 四寸 형입니다. [   ]

02 다음 漢字(한자)의 訓(훈 : 뜻)과 音(음 : 소리)을 쓰세요. (23~42)

보기   字 → 글자 자

23 答 [   ]
24 立 [   ]
25 全 [   ]
26 食 [   ]
27 安 [   ]
28 不 [   ]
29 姓 [   ]
30 世 [   ]
31 市 [   ]
32 自 [   ]
33 右 [   ]
34 前 [   ]
35 上 [   ]
36 足 [   ]
37 海 [   ]
38 話 [   ]
39 孝 [   ]
40 直 [   ]
41 車 [   ]
42 力 [   ]

03 다음 밑줄 친 단어의 漢字語(한자어)를 〈보기〉에서 골라 그 번호를 쓰세요. (43~44)

보기   ① 左記   ② 先山   ③ 大金   ④ 名門

43 삼촌은 명문 대학을 졸업하였습니다. [   ]
44 그는 대금을 주고 꾀어도 흔들리지 않았다. [   ]

제2회 한자능력검정시험 7급 Ⅱ 예상문제

04 다음 訓(훈 : 뜻)과 音(음 : 소리)에 맞는 漢字(한자)를 〈보기〉에서 골라 그 번호를 쓰세요. (45~54)

보기	① 小	② 校	③ 水	④ 日
	⑤ 靑	⑥ 月	⑦ 九	⑧ 火
	⑨ 白	⑩ 土		

45 달 월   [   ]

46 학교 교   [   ]

47 불 화   [   ]

48 날 일   [   ]

49 아홉 구   [   ]

50 푸를 청   [   ]

51 흰 백   [   ]

52 흙 토   [   ]

53 작을 소   [   ]

54 물 수   [   ]

05 다음 漢字(한자)의 상대 또는 반대되는 漢字(한자)를 〈보기〉에서 골라 그 번호를 쓰세요. (55~56)

보기	① 外	② 三	③ 西	④ 王

55 東 ↔ (   )

56 內 ↔ (   )

06 다음 漢字語(한자어)의 뜻을 쓰세요. (57~58)

57 六十   [   ]

58 正道   [   ]

07 다음 漢字(한자)의 진하게 표시한 획은 몇 번째 쓰는지 〈보기〉에서 찾아 그 번호를 쓰세요. (59~60)

보기	① 첫 번째	② 두 번째
	③ 세 번째	④ 네 번째
	⑤ 다섯 번째	⑥ 여섯 번째
	⑦ 일곱 번째	⑧ 여덟 번째
	⑨ 아홉 번째	⑩ 열 번째

59 食   [   ]

60 電   [   ]

| 사단법인 한국어문회 · 한국한자능력검정회 | | 20 . ( ). ( ). | | | 7 2 1 |

수험번호 ☐☐☐-☐☐-☐☐☐☐　　　　**성명** ☐☐☐☐☐

생년월일 ☐☐☐☐☐☐

※ 유성 싸인펜, 붉은색 필기구 사용 불가.

※ 답안지는 컴퓨터로 처리되므로 구기거나 더럽히지 마시고, 정답 칸 안에만 쓰십시오. 글씨가 채점란으로 들어오면 오답처리가 됩니다.

제　　회 전국한자능력검정시험 7급Ⅱ 답안지(1)　　(시험시간 50분)

답안란		채점란		답안란		채점란		답안란		채점란	
번호	정답	1검	2검	번호	정답	1검	2검	번호	정답	1검	2검
1				10				19			
2				11				20			
3				12				21			
4				13				22			
5				14				23			
6				15				24			
7				16				25			
8				17				26			
9				18				27			

	감독위원	채점위원(1)		채점위원(2)		채점위원(3)	
	(서명)	(득점)	(서명)	(득점)	(서명)	(득점)	(서명)

※ 뒷면으로 이어짐

■ 사단법인 한국어문회 · 한국한자능력검정회   20 . ( ). ( ).   7 2 2 ■

※ 답안지는 컴퓨터로 처리되므로 구기거나 더럽히지 마시고, 정답 칸 안에만 쓰십시오. 글씨가 채점란으로 들어오면 오답처리가 됩니다.

제   회 전국한자능력검정시험 7급Ⅱ 답안지(2)

번호	정답	1검	2검	번호	정답	1검	2검	번호	정답	1검	2검
28				39				50			
29				40				51			
30				41				52			
31				42				53			
32				43				54			
33				44				55			
34				45				56			
35				46				57			
36				47				58			
37				48				59			
38				49				60			

제3회 한자능력검정시험 7급 II 예상문제

(社) 한국어문회 주관 · 한국한자능력검정회 시행

문 항 수 : 60문항
합격문항 : 42문항
제한시간 : 50분

01 다음 밑줄 친 漢字語(한자어)의 音(음 : 소리)을 쓰세요. (1~22)

보기   漢字 → 한자

1 이 도시에는 工場이 많습니다. [　　]
2 이번 여름에는 電氣가 모자랍니다. [　　]
3 그 분은 生前에 거짓말을 몰랐습니다. [　　]
4 주말에 市外로 나가 시원한 바람을 맞았습니다. [　　]
5 우리 누나는 여자 空軍입니다. [　　]
6 아버지는 우리집 家長이십니다. [　　]
7 봄에는 萬物이 기운을 냅니다. [　　]
8 그는 자기 姓名도 못 씁니다. [　　]
9 저 어른은 이름난 孝子이십니다. [　　]
10 길을 걸을 때에는 左右로 잘 살펴야 합니다. [　　]
11 오늘은 午後에 현장실습을 나갑니다. [　　]
12 이 문은 自動으로 열립니다. [　　]
13 동쪽 바닷가의 海水는 차갑습니다. [　　]
14 여기는 道立 공원입니다. [　　]
15 오늘은 室內 체육관에서 운동을 합니다. [　　]
16 그 분은 약속 時間을 잘 지킵니다. [　　]
17 이 문제는 正答을 찾기가 어렵습니다. [　　]
18 옛날 보다 살기 좋은 世上이 되었습니다. [　　]
19 여기는 옛날 火山이 있던 곳입니다. [　　]
20 이 나라는 四方이 바다입니다. [　　]
21 여행은 安全이 제일입니다. [　　]
22 이곳이 경치로 유명한 東江입니다. [　　]

02 다음 漢字(한자)의 訓(훈 : 뜻)과 音(음 : 소리)을 쓰세요. (23~42)

보기   字 → 글자 자

23 六 [　　]
24 車 [　　]
25 不 [　　]
26 每 [　　]
27 月 [　　]
28 足 [　　]
29 直 [　　]
30 下 [　　]
31 話 [　　]
32 活 [　　]
33 寸 [　　]
34 中 [　　]
35 王 [　　]
36 食 [　　]
37 白 [　　]
38 民 [　　]
39 力 [　　]
40 大 [　　]
41 手 [　　]
42 木 [　　]

03 다음 밑줄 친 단어의 漢字語(한자어)를 〈보기〉에서 골라 그 번호를 쓰세요. (43~44)

보기 ① 三韓　② 小學　③ 校門　④ 靑年

43 청년은 나라의 기둥입니다. [　　]
44 교문 앞에 담임 선생님이 서 계십니다. [　　]

제3회 **한자능력검정시험 7급Ⅱ 예상문제**

04 다음 訓(훈 : 뜻)과 音(음 : 소리)에 맞는 漢字(한자)를 〈보기〉에서 골라 그 번호를 쓰세요. (45~54)

보기	① 西	② 教	③ 九	④ 母
	⑤ 女	⑥ 事	⑦ 平	⑧ 人
	⑨ 弟	⑩ 男		

45 일 사   [   ]

46 아우 제   [   ]

47 평평할 평   [   ]

48 아홉 구   [   ]

49 서녘 서   [   ]

50 계집 녀   [   ]

51 가르칠 교   [   ]

52 사내 남   [   ]

53 사람 인   [   ]

54 어미 모   [   ]

05 다음 漢字(한자)와 뜻이 상대 또는 반대되는 漢字(한자)를 〈보기〉에서 골라 그 번호를 쓰세요. (55~56)

| 보기 | ① 先 | ② 兄 | ③ 北 | ④ 父 |

55 南 ↔ (   )

56 (   ) ↔ 後

06 다음 漢字語(한자어)의 뜻을 쓰세요. (57~58)

57 農土   [   ]

58 日記   [   ]

07 다음 漢字(한자)의 진하게 표시한 획은 몇 번째 쓰는지 〈보기〉에서 찾아 그 번호를 쓰세요. (59~60)

보기	① 첫 번째	② 두 번째
	③ 세 번째	④ 네 번째
	⑤ 다섯 번째	⑥ 여섯 번째
	⑦ 일곱 번째	⑧ 여덟 번째
	⑨ 아홉 번째	⑩ 열 번째

59 母   [   ]

60 長   [   ]

사단법인 한국어문회·한국한자능력검정회   20 . ( ). ( ).   7 2 1

수험번호 ☐☐☐-☐☐-☐☐☐☐ **성명** ☐☐☐☐☐

생년월일 ☐☐☐☐☐☐   ※ 유성 싸인펜, 붉은색 필기구 사용 불가.

※ 답안지는 컴퓨터로 처리되므로 구기거나 더럽히지 마시고, 정답 칸 안에만 쓰십시오. 글씨가 채점란으로 들어오면 오답처리가 됩니다.

제   회 전국한자능력검정시험 7급Ⅱ 답안지(1) (시험시간 50분)

번호	정답	1검	2검	번호	정답	1검	2검	번호	정답	1검	2검
1				10				19			
2				11				20			
3				12				21			
4				13				22			
5				14				23			
6				15				24			
7				16				25			
8				17				26			
9				18				27			

감독위원	채점위원(1)	채점위원(2)	채점위원(3)
(서명)	(득점) (서명)	(득점) (서명)	(득점) (서명)

※ 뒷면으로 이어짐

■ 사단법인 한국어문회·한국한자능력검정회　　　　20 . ( ). ( ).　　　　7 2 2 ■

※ 답안지는 컴퓨터로 처리되므로 구기거나 더럽히지 마시고, 정답 칸 안에만 쓰십시오. 글씨가 채점란으로 들어오면 오답처리가 됩니다.

제　　회 전국한자능력검정시험 7급Ⅱ 답안지(2)

번호	정답	1검	2검	번호	정답	1검	2검	번호	정답	1검	2검
28				39				50			
29				40				51			
30				41				52			
31				42				53			
32				43				54			
33				44				55			
34				45				56			
35				46				57			
36				47				58			
37				48				59			
38				49				60			

제4회 한자능력검정시험 7급Ⅱ 예상문제

(社) 한국어문회 주관·한국한자능력검정회 시행

문 항 수 : 60문항
합격문항 : 42문항
제한시간 : 50분

01 다음 밑줄 친 漢字語(한자어)의 音(음 : 소리)을 쓰세요. (1~22)

보기	漢字 → 한자

1 황새가 <u>上空</u>을 날고 있습니다. [ ]
2 이 방이 새로 지은 <u>敎室</u>입니다. [ ]
3 운동회 구경꾼이 <u>校門</u>으로 들어옵니다. [ ]
4 대한민국은 우리들의 자랑스러운 <u>國家</u>입니다. [ ]
5 이 도시에는 큰 <u>工場</u>이 많습니다. [ ]
6 어머니께서 군고구마를 <u>間食</u>으로 주셨습니다. [ ]
7 서울에는 <u>漢江</u>이 흐르고 있습니다. [ ]
8 <u>下山</u>하던 길에 뜻하지 않게 다람쥐를 보았습니다. [ ]
9 우리 마을에는 <u>電氣</u>가 일찍 들어왔습니다. [ ]
10 요새는 <u>九十</u> 살까지 사는 분이 많습니다. [ ]
11 이 일은 <u>午前</u> 중에 끝내야 합니다. [ ]
12 오늘 신문에 우리 집안에 관한 <u>記事</u>가 실렸습니다. [ ]
13 우리나라에는 훌륭한 <u>軍人</u>이 많습니다. [ ]
14 머리를 써서 부자가 된 <u>農民</u>도 있습니다. [ ]
15 <u>靑年</u>은 나라의 기둥입니다. [ ]
16 그 댁의 <u>子女</u>는 모두 튼튼합니다. [ ]
17 우리 담임 <u>先生</u>님은 참으로 좋은 분입니다. [ ]
18 우리 <u>兄弟</u>는 사이가 좋습니다. [ ]
19 <u>父母</u>님의 사랑이 너무나도 큽니다. [ ]
20 저 큰 건물은 <u>市立</u> 병원입니다. [ ]
21 이 화초는 <u>南方</u>에서 온 식물입니다. [ ]
22 판사는 <u>平正</u>한 판결을 내렸습니다. [ ]

02 다음 漢字(한자)들의 訓(훈 : 뜻)과 音(음 : 소리)을 쓰세요. (23~52)

보기	字 → 글자 자

23 萬 [ ]
24 力 [ ]
25 大 [ ]
26 東 [ ]
27 木 [ ]
28 月 [ ]
29 長 [ ]
30 足 [ ]
31 中 [ ]
32 話 [ ]
33 手 [ ]
34 世 [ ]
35 西 [ ]
36 五 [ ]
37 答 [ ]
38 北 [ ]
39 王 [ ]
40 不 [ ]
41 學 [ ]
42 寸 [ ]
43 安 [ ]
44 六 [ ]

제4회 한자능력검정시험 7급 Ⅱ 예상문제

45 火   [   ]

46 土   [   ]

47 自   [   ]

48 小   [   ]

49 水   [   ]

50 時   [   ]

51 男   [   ]

52 白   [   ]

03 다음 漢字(한자)와 뜻이 상대 또는 반대되는 漢字(한자)를 〈보기〉에서 골라 그 번호를 쓰세요. (53~54)

보기	① 右 ② 車 ③ 七 ④ 前

53 (   ) ↔ 左

54 (   ) ↔ 後

04 다음 漢字語(한자어)의 뜻을 쓰세요. (55~56)

55 每日   [   ]

56 四海   [   ]

05 다음 밑줄 친 단어의 漢字語(한자어)를 〈보기〉에서 골라 그 번호를 쓰세요. (57~58)

보기	① 活動 ② 孝道 ③ 姓名 ④ 內外

57 우리 아버지께서는 세계적으로 활동하고 계십니다.   [   ]

58 늙은 내외가 마주 앉아 도란도란 이야기를 나눕니다.   [   ]

06 다음 漢字(한자)에서 진하게 나타낸 획은 몇 번째 쓰는지 〈보기〉에서 찾아 그 번호를 쓰세요. (59~60)

보기	① 첫 번째 ② 두 번째
	③ 세 번째 ④ 네 번째
	⑤ 다섯 번째 ⑥ 여섯 번째
	⑦ 일곱 번째 ⑧ 여덟 번째
	⑨ 아홉 번째

59

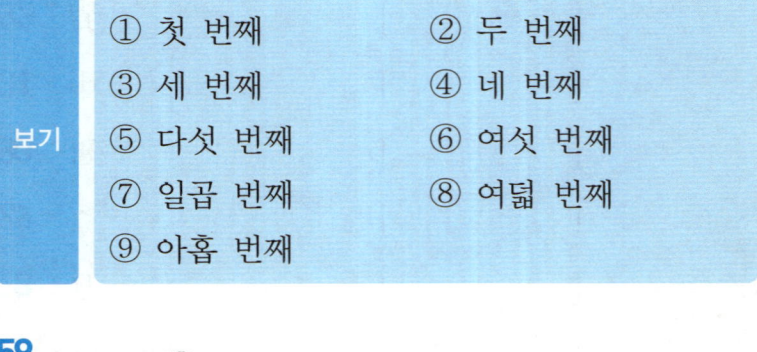

[   ]

60

[   ]

사단법인 한국어문회·한국한자능력검정회   20 . ( ). ( ).   721

수험번호 □□□-□□-□□□□   성명 □□□□□
생년월일 □□□□□□

※ 유성 싸인펜, 붉은색 필기구 사용 불가.

※ 답안지는 컴퓨터로 처리되므로 구기거나 더럽히지 마시고, 정답 칸 안에만 쓰십시오. 글씨가 채점란으로 들어오면 오답처리가 됩니다.

제   회 전국한자능력검정시험 7급Ⅱ 답안지(1)   (시험시간 50분)

번호	정답	1검	2검	번호	정답	1검	2검	번호	정답	1검	2검
1				10				19			
2				11				20			
3				12				21			
4				13				22			
5				14				23			
6				15				24			
7				16				25			
8				17				26			
9				18				27			

감독위원	채점위원(1)		채점위원(2)		채점위원(3)	
(서명)	(득점)	(서명)	(득점)	(서명)	(득점)	(서명)

※ 뒷면으로 이어짐

■ 사단법인 한국어문회·한국한자능력검정회   20 . ( ). ( ).   7 2 2 ■

※ 답안지는 컴퓨터로 처리되므로 구기거나 더럽히지 마시고, 정답 칸 안에만 쓰십시오. 글씨가 채점란으로 들어오면 오답처리가 됩니다.

제   회 전국한자능력검정시험 7급Ⅱ 답안지(2)

번호	정답	1검	2검	번호	정답	1검	2검	번호	정답	1검	2검
28				39				50			
29				40				51			
30				41				52			
31				42				53			
32				43				54			
33				44				55			
34				45				56			
35				46				57			
36				47				58			
37				48				59			
38				49				60			

제   회 전국한자능력검정시험 7급Ⅱ 답안지(2)

제5회 한자능력검정시험 7급II 예상문제

(社) 한국어문회 주관·한국한자능력검정회 시행

문 항 수 : 60문항
합격문항 : 42문항
제한시간 : 50분

01 다음 밑줄 친 漢字語(한자어)의 音(음 : 소리)을 쓰세요. (1~22)

보기	漢字 → 한자

1. 씩씩한 <u>國軍</u>이 나라를 지킵니다. [　　]
2. 삼국시대 이전에 있던 마한, 진한, 변한 세 나라를 <u>三韓</u>이라 합니다. [　　]
3. 불우이웃돕기 행사에 <u>萬名</u>이 왔습니다. [　　]
4. 자손들이 웃어른을 <u>每月</u> 찾아뵙습니다. [　　]
5. 우리나라 모든 <u>江山</u>에 눈이 내렸습니다. [　　]
6. 장군은 적들의 <u>後方</u>을 공격하였습니다. [　　]
7. 어른께는 "<u>食事</u>하세요"보다는 "진지 잡수십시오"라고 합니다. [　　]
8. 이 도자기는 <u>王室</u>의 유물입니다. [　　]
9. 그동안 <u>平安</u>하셨습니까? [　　]
10. 시험 때에는 <u>父母</u>님께서 더 걱정하십니다. [　　]
11. 주말에는 여러 집이 시골 <u>農場</u>에 갑니다. [　　]
12. 우리 이웃에는 어린 <u>家長</u>도 있습니다. [　　]
13. 저 집은 <u>兄弟</u>가 친하게 지내서 보기 좋습니다. [　　]
14. 눈이 너무 많이 와서 산속 <u>動物</u>들이 큰 고생을 했습니다. [　　]
15. 나이가 많으면 혼자 <u>生活</u>하기가 힘듭니다. [　　]
16. 시골은 <u>空氣</u>가 맑습니다. [　　]
17. <u>電話</u>는 짧게 합시다. [　　]
18. 우리 <u>學校</u> 옆에 큰 연못이 있습니다. [　　]
19. 저 아파트 <u>正門</u>은 아주 큽니다. [　　]
20. 도로 <u>中間</u>에 서 있으면 위험합니다. [　　]
21. 우리 둘은 <u>四寸</u> 사이가 됩니다. [　　]
22. 그 친구는 이름난 <u>孝子</u>입니다. [　　]

02 다음 漢字(한자)의 訓(훈 : 뜻)과 音(음 : 소리)을 쓰세요. (23~42)

보기	字 → 글자 자

23. 年 [　　]
24. 足 [　　]
25. 靑 [　　]
26. 敎 [　　]
27. 工 [　　]
28. 直 [　　]
29. 土 [　　]
30. 大 [　　]
31. 十 [　　]
32. 先 [　　]
33. 自 [　　]
34. 姓 [　　]
35. 全 [　　]
36. 力 [　　]
37. 市 [　　]
38. 前 [　　]
39. 不 [　　]
40. 左 [　　]
41. 世 [　　]
42. 二 [　　]

제5회 한자능력검정시험 7급 Ⅱ 예상문제

03 다음 訓(훈 : 뜻)과 音(음 : 소리)에 맞는 漢字(한자)를 〈보기〉에서 골라 그 번호를 쓰세요. (43~52)

보기	① 午 ② 答 ③ 車 ④ 記 ⑤ 立 ⑥ 五 ⑦ 日 ⑧ 時 ⑨ 木 ⑩ 八

43 낮 오   [   ]

44 나무 목   [   ]

45 여덟 팔   [   ]

46 설 립   [   ]

47 때 시   [   ]

48 수레 거   [   ]

49 날 일   [   ]

50 기록할 기   [   ]

51 다섯 오   [   ]

52 대답 답   [   ]

04 다음 漢字(한자)의 상대 또는 반대되는 漢字(한자)를 〈보기〉에서 골라 그 번호를 쓰세요. (53~54)

보기	① 西 ② 內 ③ 手 ④ 下

53 (   ) ↔ 外

54 東 ↔ (   )

05 다음 성어의 빈칸에 들어갈 漢字(한자)를 〈보기〉에서 골라 그 번호를 쓰세요. (55~56)

보기	① 七 ② 人 ③ 右 ④ 男

55 南(   )北女

56 人山(   )海

06 다음 漢字語(한자어)의 뜻을 쓰세요. (57~58)

57 白金   [   ]

58 水道   [   ]

07 다음 漢字(한자)에서 진하게 나타낸 획은 몇 번째 쓰는지 〈보기〉에서 찾아 그 번호를 쓰세요. (59~60)

보기	① 첫 번째 ② 두 번째 ③ 세 번째 ④ 네 번째 ⑤ 다섯 번째 ⑥ 여섯 번째 ⑦ 일곱 번째 ⑧ 여덟 번째 ⑨ 아홉 번째

59 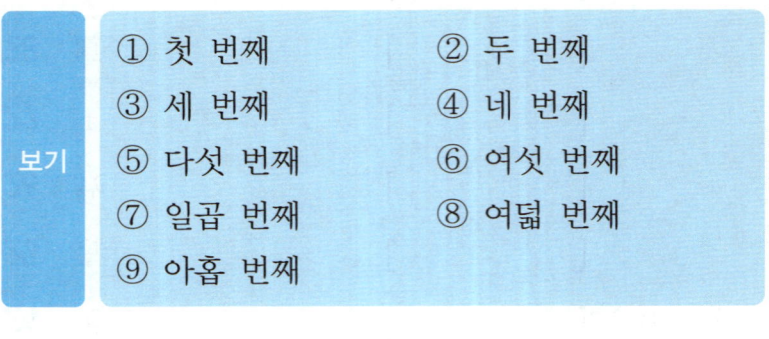 [   ]

60  [   ]

■ 사단법인 한국어문회·한국한자능력검정회 20 . ( ). ( ). | 7 | 2 | 1 |

수험번호 □□□-□□-□□□□ **성명** □□□□□

생년월일 □□□□□□ ※ 유성 싸인펜, 붉은색 필기구 사용 불가.

※ 답안지는 컴퓨터로 처리되므로 구기거나 더럽히지 마시고, 정답 칸 안에만 쓰십시오. 글씨가 채점란으로 들어오면 오답처리가 됩니다.

제   회 전국한자능력검정시험 7급Ⅱ 답안지(1)   (시험시간 50분)

번호	답안란 정답	채점란 1검	2검	번호	답안란 정답	채점란 1검	2검	번호	답안란 정답	채점란 1검	2검
1				10				19			
2				11				20			
3				12				21			
4				13				22			
5				14				23			
6				15				24			
7				16				25			
8				17				26			
9				18				27			

	감독위원	채점위원(1)		채점위원(2)		채점위원(3)	
	(서명)	(득점)	(서명)	(득점)	(서명)	(득점)	(서명)

※ 뒷면으로 이어짐

사단법인 한국어문회 · 한국한자능력검정회　　　　　　20 . ( ). ( ).　　　　　7 2 2

※ 답안지는 컴퓨터로 처리되므로 구기거나 더럽히지 마시고, 정답 칸 안에만 쓰십시오. 글씨가 채점란으로 들어오면 오답처리가 됩니다.

제　　회 전국한자능력검정시험 7급Ⅱ 답안지(2)

번호	정답	1검	2검	번호	정답	1검	2검	번호	정답	1검	2검
28				39				50			
29				40				51			
30				41				52			
31				42				53			
32				43				54			
33				44				55			
34				45				56			
35				46				57			
36				47				58			
37				48				59			
38				49				60			

제6회 한자능력검정시험 7급Ⅱ 예상문제

(社) 한국어문회 주관·한국한자능력검정회 시행

문 항 수 : 60문항
합격문항 : 42문항
제한시간 : 50분

01 다음 밑줄 친 漢字語(한자어)의 음(음 : 소리)을 쓰세요. (1~22)

1. 여름에는 <u>農事</u>일이 바쁩니다. [   ]
2. 요새는 <u>男女</u>가 똑같은 일을 많이 합니다. [   ]
3. 도로를 놓기 위해 <u>土木</u> 공사가 한창입니다. [   ]
4. <u>大門</u> 앞에 개가 앉아 있습니다. [   ]
5. 이 <u>工場</u>은 아주 큽니다. [   ]
6. 비상계단의 <u>空間</u>을 막으면 안 됩니다. [   ]
7. 이번 연주회에는 <u>萬名</u> 이상이 모였습니다. [   ]
8. 그 집 애들은 모두 <u>孝子</u>라고 합니다. [   ]
9. 모든 일에는 <u>安全</u>이 제일 중요합니다. [   ]
10. 우리 마을에는 <u>電氣</u>가 일찍 들어왔습니다. [   ]
11. 봄에는 <u>學年</u>이 하나씩 올라갑니다. [   ]
12. 어느 나라에는 <u>國立</u> 초등학교도 있습니다. [   ]
13. 부모님께서 <u>動物</u>원에 데리고 가셨습니다. [   ]
14. 이 강을 <u>白江</u>이라고 부르는 이도 있습니다. [   ]
15. 구름이 <u>北方</u> 하늘로 몰려갑니다. [   ]
16. 복동이는 나와 <u>四寸</u> 사이입니다. [   ]
17. 그녀는 <u>平時</u>에도 잘 웃습니다. [   ]
18. 우리들은 <u>市內</u>에 자주 나갑니다. [   ]
19. 이 일은 <u>午前</u>에 끝내야 합니다. [   ]
20. 오늘은 <u>敎室</u> 밖에서 공부합니다. [   ]
21. 우리나라는 <u>八道</u>라고 했습니다. [   ]
22. 이 그림은 <u>後世</u>에 길이 남을 명작입니다. [   ]

02 다음 漢字(한자)들의 訓(훈 : 뜻)과 音(음 : 소리)를 쓰세요. (23~52)

23. 家 [   ]
24. 九 [   ]
25. 記 [   ]
26. 南 [   ]
27. 東 [   ]
28. 力 [   ]
29. 民 [   ]
30. 父 [   ]
31. 不 [   ]
32. 山 [   ]
33. 三 [   ]
34. 先 [   ]
35. 小 [   ]
36. 直 [   ]
37. 韓 [   ]
38. 食 [   ]
39. 十 [   ]
40. 王 [   ]
41. 外 [   ]
42. 五 [   ]
43. 人 [   ]
44. 校 [   ]
45. 自 [   ]
46. 正 [   ]
47. 弟 [   ]
48. 母 [   ]
49. 中 [   ]
50. 答 [   ]
51. 靑 [   ]
52. 話 [   ]

제6회 한자능력검정시험 7급Ⅱ 예상문제

03 다음 漢字(한자)의 상대 또는 반대되는 漢字(한자)를 〈보기〉에서 골라 그 번호를 쓰세요. (53~54)

보기	① 車　② 姓　③ 七　④ 水 ⑤ 足　⑥ 二

53 火 ↔ (　)

54 手 ↔ (　)

04 다음 (　) 안에 알맞은 漢字(한자)를 〈보기〉에서 골라 그 번호를 쓰세요. (55~56)

보기	① 一　② 六　③ 月　④ 每 ⑤ 右　⑥ 軍

55 上下左(　)

56 生年(　)日

05 다음 漢字語(한자어)의 뜻을 쓰세요. (57~58)

57 西海　　　　[　　　　　]

58 長兄　　　　[　　　　　]

06 다음 漢字(한자)의 진하게 표시한 획은 몇 번째 쓰는지 〈보기〉에서 찾아 그 번호를 쓰세요. (59~60)

보기	① 첫 번째　② 두 번째 ③ 세 번째　④ 네 번째 ⑤ 다섯 번째　⑥ 여섯 번째 ⑦ 일곱 번째　⑧ 여덟 번째 ⑨ 아홉 번째　⑩ 열 번째

59

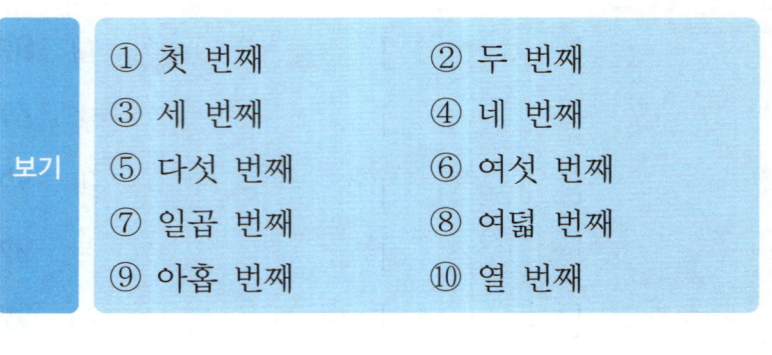

靑 [　　]

60

活 [　　]

| 사단법인 한국어문회·한국한자능력검정회 | | | 20 . ( ). ( ). | | | | | 7 2 1 | |

수험번호 ☐☐☐-☐☐-☐☐☐☐   **성명** ☐☐☐☐☐
생년월일 ☐☐☐☐☐☐

※ 유성 싸인펜, 붉은색 필기구 사용 불가.

※ 답안지는 컴퓨터로 처리되므로 구기거나 더럽히지 마시고, 정답 칸 안에만 쓰십시오. 글씨가 채점란으로 들어오면 오답처리가 됩니다.

제   회 전국한자능력검정시험 7급Ⅱ 답안지(1)   (시험시간 50분)

답 안 란		채점란		답 안 란		채점란		답 안 란		채점란	
번호	정답	1검	2검	번호	정답	1검	2검	번호	정답	1검	2검
1				10				19			
2				11				20			
3				12				21			
4				13				22			
5				14				23			
6				15				24			
7				16				25			
8				17				26			
9				18				27			

	감독위원	채점위원(1)		채점위원(2)		채점위원(3)	
	(서명)	(득점)	(서명)	(득점)	(서명)	(득점)	(서명)

※ 뒷면으로 이어짐

사단법인 한국어문회 · 한국한자능력검정회   20 . ( ). ( ).   7 2 2

※ 답안지는 컴퓨터로 처리되므로 구기거나 더럽히지 마시고, 정답 칸 안에만 쓰십시오. 글씨가 채점란으로 들어오면 오답처리가 됩니다.

제   회 전국한자능력검정시험 7급Ⅱ 답안지(2)

번호	정답	1검	2검	번호	정답	1검	2검	번호	정답	1검	2검
28				39				50			
29				40				51			
30				41				52			
31				42				53			
32				43				54			
33				44				55			
34				45				56			
35				46				57			
36				47				58			
37				48				59			
38				49				60			

제   회 전국한자능력검정시험 7급Ⅱ 답안지(2)

제7회 한자능력검정시험 7급Ⅱ 예상문제

(社) 한국어문회 주관·한국한자능력검정회 시행

문 항 수 : 60문항
합격문항 : 42문항
제한시간 : 50분

01 다음 밑줄 친 漢字語(한자어)의 음(음 : 소리)을 쓰세요. (1~22)

보기	漢字 → 한자

1 이 집은 <u>空間</u>이 넓습니다. [   ]
2 이번 마라톤 경기에는 <u>萬名</u>이 참가 했습니다. [   ]
3 모든 <u>學生</u>은 우리나라의 꿈입니다. [   ]
4 그 분에게는 훌륭한 <u>弟子</u>가 많습니다. [   ]
5 그 아이는 늘 <u>活力</u>이 넘칩니다. [   ]
6 우리 집에서 서울 <u>南山</u>이 보입니다. [   ]
7 <u>門前</u>에 나가 보니 손님이 계셨습니다. [   ]
8 이 <u>工場</u>이 우리나라에서 가장 큽니다. [   ]
9 오늘은 <u>國軍</u>의 날입니다. [   ]
10 요새는 겨울에도 <u>農事</u>를 짓습니다. [   ]
11 일을 수습할 <u>方道</u>를 찾고 있습니다. [   ]
12 서울에는 <u>北漢</u>산이 있습니다. [   ]
13 이곳에서는 <u>男女</u>를 구분하지 않습니다. [   ]
14 저 분이 이름난 <u>木手</u>입니다. [   ]
15 이 짐승은 보기 드문 <u>動物</u>입니다. [   ]
16 저기 우리 <u>市長</u>이 오십니다. [   ]
17 이곳에 남쪽에서 <u>每年</u> 새들이 날아옵니다. [   ]
18 <u>父母</u>님의 사랑은 하늘보다도 큽니다. [   ]
19 그 분은 그림의 <u>大家</u>이십니다. [   ]
20 우리나라에는 <u>電氣</u>가 없는 마을이 없습니다. [   ]
21 그 분은 날마다 <u>正午</u>에 꼭 오십니다. [   ]
22 그 일은 <u>世人</u>들의 관심을 끌었습니다. [   ]

02 다음 漢字(한자)의 訓(훈 : 뜻)과 음(음 : 소리)을 쓰세요. (23~42)

보기	字 → 글자 자

23 江 [   ]
24 九 [   ]
25 記 [   ]
26 答 [   ]
27 六 [   ]
28 民 [   ]
29 白 [   ]
30 不 [   ]
31 三 [   ]
32 西 [   ]
33 敎 [   ]
34 小 [   ]
35 時 [   ]
36 十 [   ]
37 安 [   ]
38 五 [   ]
39 王 [   ]
40 右 [   ]
41 月 [   ]
42 二 [   ]

03 다음 訓(훈 : 뜻)과 음(음 : 소리)에 맞는 漢字(한자)를 〈보기〉에서 골라 그 번호를 쓰세요. (43~52)

보기	① 自 ② 靑 ③ 日 ④ 八 ⑤ 孝 ⑥ 一 ⑦ 平 ⑧ 全 ⑨ 七 ⑩ 直

43 곧을 직 [   ]

제7회 한자능력검정시험 7급Ⅱ 예상문제

44 스스로 자   [   ]

45 온전 전   [   ]

46 한 일   [   ]

47 푸를 청   [   ]

48 여덟 팔   [   ]

49 평평할 평   [   ]

50 효도 효   [   ]

51 일곱 칠   [   ]

52 날 일   [   ]

04 다음 밑줄 친 漢字語(한자어)의 漢字(한자)를 〈보기〉에서 골라 그 번호를 쓰세요. (53~54)

> 보기   ① 外食   ② 東海   ③ 中立   ④ 四寸

53 우리나라 동해에 독도가 있습니다. [   ]

54 저 분은 나의 사촌 형입니다.   [   ]

05 다음 漢字(한자)의 상대 또는 반대되는 漢字(한자)를 〈보기〉에서 골라 그 번호를 쓰세요. (55~56)

> 보기   ① 下   ② 金   ③ 先   ④ 兄

55 (   ) ↔ 後

56 上 ↔ (   )

06 다음 漢字語(한자어)의 뜻을 쓰세요. (57~58)

57 室內   [   ]

58 左足   [   ]

07 다음 漢字(한자)의 진하게 표시한 획은 몇 번째 쓰는지 〈보기〉에서 찾아 그 번호를 쓰세요. (59~60)

> 보기
> ① 첫 번째   ② 두 번째
> ③ 세 번째   ④ 네 번째
> ⑤ 다섯 번째   ⑥ 여섯 번째
> ⑦ 일곱 번째   ⑧ 여덟 번째
> ⑨ 아홉 번째   ⑩ 열 번째

59 校 [   ]

60 足 [   ]

■ 사단법인 한국어문회 · 한국한자능력검정회   20 . ( ). ( ). | 7 | 2 | 1 | ■

수험번호 □□□-□□-□□□□   **성명** □□□□□

생년월일 □□□□□□   ※ 유성 싸인펜, 붉은색 필기구 사용 불가.

※ 답안지는 컴퓨터로 처리되므로 구기거나 더럽히지 마시고, 정답 칸 안에만 쓰십시오. 글씨가 채점란으로 들어오면 오답처리가 됩니다.

제   회 전국한자능력검정시험 7급Ⅱ 답안지(1)   (시험시간 50분)

답 안 란		채점란		답 안 란		채점란		답 안 란		채점란	
번호	정답	1검	2검	번호	정답	1검	2검	번호	정답	1검	2검
1				10				19			
2				11				20			
3				12				21			
4				13				22			
5				14				23			
6				15				24			
7				16				25			
8				17				26			
9				18				27			

	감독위원	채점위원(1)		채점위원(2)		채점위원(3)	
	(서명)	(득점)	(서명)	(득점)	(서명)	(득점)	(서명)

※ 뒷면으로 이어짐

■ 사단법인 한국어문회 · 한국한자능력검정회　　　　　20 . (　). (　).　　　　　7 2 2 ■

※ 답안지는 컴퓨터로 처리되므로 구기거나 더럽히지 마시고, 정답 칸 안에만 쓰십시오. 글씨가 채점란으로 들어오면 오답처리가 됩니다.

제　　회 전국한자능력검정시험 7급Ⅱ 답안지(2)

번호	정답	1검	2검	번호	정답	1검	2검	번호	정답	1검	2검
28				39				50			
29				40				51			
30				41				52			
31				42				53			
32				43				54			
33				44				55			
34				45				56			
35				46				57			
36				47				58			
37				48				59			
38				49				60			

제8회 한자능력검정시험 7급Ⅱ 예상문제

(社) 한국어문회 주관·한국한자능력검정회 시행

문 항 수 : 60문항
합격문항 : 42문항
제한시간 : 50분

01 다음 밑줄 친 漢字語(한자어)의 音(음)을 쓰세요. (1~22)

| 보기 | 漢字 → 한자 |

1. 신문에 우리 학교에 관한 <u>記事</u>가 실렸습니다. [   ]
2. 우리 시골에서도 옛날 <u>農家</u>는 보기 힘듭니다. [   ]
3. <u>室內</u>에서는 뛰지 맙시다. [   ]
4. 큰길 <u>中間</u>에 나무가 서 있습니다. [   ]
5. 저기 오시는 분이 우리 군의 <u>大長</u>입니다. [   ]
6. 우리 <u>先生</u>님께서 잘 가르쳐 주셔서 고맙습니다. [   ]
7. 요새는 <u>木手</u>도 나무를 기계톱으로 자릅니다. [   ]
8. 이번 가을 경기에서는 <u>西軍</u>이 이겼습니다. [   ]
9. 이 분은 우리 아버지 <u>弟子</u>입니다. [   ]
10. 어떤 때는 일반 <u>國道</u>의 길이 안 막힙니다. [   ]
11. 되도록 <u>電氣</u>를 아껴 씁시다. [   ]
12. 우리나라 <u>東海</u>에 독도가 있습니다. [   ]
13. 이 문제에는 <u>正答</u>이 둘입니다. [   ]
14. 어른들은 <u>二世</u> 교육에 대한 관심이 많습니다. [   ]
15. 이곳에서 그곳까지 가려면 <u>三日</u> 걸립니다. [   ]
16. 낮 열두 시가 지나면 <u>午後</u>라고 합니다. [   ]
17. 국악계에는 이름난 <u>名人</u>이 많습니다. [   ]
18. 우리 둘은 <u>四寸</u> 사이입니다. [   ]
19. 우리들은 다 함께 같은 <u>工場</u>에서 일을 합니다. [   ]
20. 눈이 오면 날씨가 춥다고 <u>不平</u>하는 이도 있습니다. [   ]
21. 수출이 <u>前年</u>에 비해 크게 줄어들었습니다. [   ]
22. <u>五月</u>에 피는 꽃은 참으로 아름답습니다. [   ]

02 다음 漢字(한자)의 訓(훈 : 뜻)과 音(음 : 소리)을 쓰세요. (23~42)

| 보기 | 字 → 글자 자 |

23. 外 [   ]
24. 七 [   ]
25. 土 [   ]
26. 八 [   ]
27. 孝 [   ]
28. 活 [   ]
29. 食 [   ]
30. 話 [   ]
31. 兄 [   ]
32. 動 [   ]
33. 白 [   ]
34. 學 [   ]
35. 立 [   ]
36. 江 [   ]
37. 車 [   ]
38. 空 [   ]
39. 九 [   ]

제8회 한자능력검정시험 7급Ⅱ 예상문제

40 金   [   ]

41 市   [   ]

42 自   [   ]

03 다음 訓(훈 : 뜻)과 音(음 : 소리)에 맞는 漢字(한자)를 〈보기〉에서 골라 그 번호를 쓰세요. (43~52)

보기	① 足	② 小	③ 左	④ 王
	⑤ 民	⑥ 一	⑦ 力	⑧ 十
	⑨ 六	⑩ 教		

43 발 족   [   ]

44 왼 좌   [   ]

45 백성 민   [   ]

46 한 일   [   ]

47 작을 소   [   ]

48 임금 왕   [   ]

49 가르칠 교   [   ]

50 힘 력   [   ]

51 여섯 륙   [   ]

52 열 십   [   ]

04 다음 밑줄 친 漢字語(한자어)의 漢字(한자)를 〈보기〉에서 골라 그 번호를 쓰세요. (53~54)

보기	① 萬物	② 南北	③ 每時	④ 男女

53 병원에서는 매시마다 입원자의 체온을 잽니다.
                         [   ]

54 봄에는 만물이 기운차게 살아납니다.   [   ]

05 다음 漢字(한자)의 상대 또는 반대되는 漢字(한자)를 〈보기〉에서 골라 그 번호를 쓰세요. (55~56)

보기	① 下	② 安	③ 方	④ 父

55 (   ) ↔ 母

56 上 ↔ (   )

06 다음 漢字語(한자어)의 뜻을 쓰세요. (57~58)

57 校門   [   ]

58 靑山   [   ]

07 다음 漢字(한자)의 진하게 표시한 획은 몇 번째 쓰는지 〈보기〉에서 찾아 그 번호를 쓰세요. (59~60)

보기	① 첫 번째	② 두 번째
	③ 세 번째	④ 네 번째
	⑤ 다섯 번째	⑥ 여섯 번째
	⑦ 일곱 번째	⑧ 여덟 번째
	⑨ 아홉 번째	⑩ 열 번째

59 足   [   ]

60 長   [   ]

사단법인 한국어문회 · 한국한자능력검정회   20 . ( ). ( ).   7 2 1

수험번호 ☐☐☐-☐☐-☐☐☐☐   **성명** ☐☐☐☐☐

생년월일 ☐☐☐☐☐☐   ※ 유성 싸인펜, 붉은색 필기구 사용 불가.

※ 답안지는 컴퓨터로 처리되므로 구기거나 더럽히지 마시고, 정답 칸 안에만 쓰십시오. 글씨가 채점란으로 들어오면 오답처리가 됩니다.

제   회 전국한자능력검정시험 7급Ⅱ 답안지(1)   (시험시간 50분)

번호	정답 (답안란)	1검	2검	번호	정답 (답안란)	1검	2검	번호	정답 (답안란)	1검	2검
1				10				19			
2				11				20			
3				12				21			
4				13				22			
5				14				23			
6				15				24			
7				16				25			
8				17				26			
9				18				27			

감독위원	채점위원(1)	채점위원(2)	채점위원(3)
(서명)	(득점) (서명)	(득점) (서명)	(득점) (서명)

※ 뒷면으로 이어짐

사단법인 한국어문회 · 한국한자능력검정회   20 . ( ). ( ).   7 2 2

※ 답안지는 컴퓨터로 처리되므로 구기거나 더럽히지 마시고, 정답 칸 안에만 쓰십시오. 글씨가 채점란으로 들어오면 오답처리가 됩니다.

제   회 전국한자능력검정시험 7급Ⅱ 답안지(2)

번호	정답	1검	2검	번호	정답	1검	2검	번호	정답	1검	2검
28				39				50			
29				40				51			
30				41				52			
31				42				53			
32				43				54			
33				44				55			
34				45				56			
35				46				57			
36				47				58			
37				48				59			
38				49				60			

제   회 전국한자능력검정시험 7급Ⅱ 답안지(2)

제9회 한자능력검정시험 7급 II 예상문제

(社) 한국어문회 주관 · 한국한자능력검정회 시행

문 항 수 : 60문항
합격문항 : 42문항
제한시간 : 50분

01 다음 밑줄 친 漢字語(한자어)의 음(음 : 소리)을 쓰세요. (1~22)

보기	漢字 → 한자

1 어머니께서는 언제나 <u>家事</u>일로 바쁘십니다. [   ]
2 아직 <u>五月</u>인데도 날씨가 너무 덥습니다. [   ]
3 오늘 <u>間食</u> 시간은 열 시입니다. [   ]
4 우리나라 <u>江山</u>은 다른 나라들보다 아름답습니다. [   ]
5 우리 <u>父母</u>님께서는 언제나 다정하십니다. [   ]
6 이곳은 <u>空氣</u>가 참 맑습니다. [   ]
7 휴일에는 <u>東海</u> 쪽으로 놀러 가는 사람이 많습니다. [   ]
8 옛날에는 농사짓는 사람을 <u>農軍</u>이라고도 했습니다. [   ]
9 봄에는 <u>萬物</u>이 다시 힘을 냅니다. [   ]
10 <u>敎室</u>에서 뛰어 놀면 좋지 않습니다. [   ]
11 가로수 밑에 우리 <u>先生</u>님께서 서 계십니다. [   ]
12 여기가 <u>道立</u> 공원입니다. [   ]
13 공원에서 <u>男女</u>가 함께 운동을 하고 있습니다. [   ]
14 스승의 날에 옛날 <u>弟子</u>들이 많이 왔습니다. [   ]
15 오늘은 광복절이라 <u>大門</u> 앞에 태극기를 걸었습니다. [   ]
16 이 창문으로 <u>四方</u>이 보입니다. [   ]
17 <u>工場</u>에서 일을 하는 친구가 많습니다. [   ]
18 길을 건널 때에는 <u>左右</u>를 잘 살펴야 합니다. [   ]
19 해마다 <u>國外</u>로 여행하는 사람들이 늘어납니다. [   ]
20 이곳의 기후는 <u>年中</u> 온화한 날씨가 계속됩니다. [   ]
21 요새는 <u>市長</u>도 주민들이 뽑습니다. [   ]
22 우리 선수들이 우승했다는 소식이 <u>全校</u>에 퍼졌습니다. [   ]

02 다음 漢字의 訓(훈 : 뜻)과 음(음 : 소리)을 쓰세요. (23~42)

보기	字 → 글자 자

23 活 [   ]
24 二 [   ]
25 土 [   ]
26 兄 [   ]
27 孝 [   ]
28 自 [   ]
29 人 [   ]
30 小 [   ]
31 足 [   ]
32 話 [   ]
33 八 [   ]
34 時 [   ]
35 九 [   ]
36 一 [   ]
37 學 [   ]
38 十 [   ]
39 世 [   ]

제9회 한자능력검정시험 7급Ⅱ 예상문제

40 車   [   ]
41 水   [   ]
42 手   [   ]

03 다음 밑줄 친 漢字語(한자어)의 漢字를 〈보기〉에서 골라 그 번호를 쓰세요. (43~44)

| 보기 | ① 每日   ② 白金   ③ 南北   ④ 平民 |

43 이 길을 조금 더 가면 길이 <u>남북</u>으로 갈라집니다.
[   ]

44 그 분은 우리집에 <u>매일</u> 놀러 오십니다.
[   ]

04 다음 訓(훈 : 뜻)과 音(음 : 소리)에 맞는 漢字(한자)를 〈보기〉에서 골라 그 번호를 쓰세요. (45~54)

보기	① 午 ② 木 ③ 正 ④ 電
	⑤ 火 ⑥ 直 ⑦ 三 ⑧ 靑
	⑨ 內 ⑩ 寸

45 안 내   [   ]
46 불 화   [   ]
47 나무 목   [   ]
48 바를 정   [   ]
49 석 삼   [   ]
50 번개 전   [   ]
51 낮 오   [   ]
52 곧을 직   [   ]
53 푸를 청   [   ]
54 마디 촌   [   ]

05 다음 漢字(한자)의 상대 또는 반대되는 漢字(한자)를 〈보기〉에서 골라 그 번호를 쓰세요. (55~56)

| 보기 | ① 記   ② 後   ③ 王   ④ 下 |

55 前 ↔ (   )
56 上 ↔ (   )

06 다음 漢字語(한자어)의 뜻을 쓰세요. (57~58)

57 姓名   [   ]
58 動力   [   ]

07 다음 漢字(한자)의 진하게 표시한 획은 몇 번째 쓰는지 〈보기〉에서 찾아 그 번호를 쓰세요. (59~60)

보기	① 첫 번째 ② 두 번째
	③ 세 번째 ④ 네 번째
	⑤ 다섯 번째 ⑥ 여섯 번째
	⑦ 일곱 번째 ⑧ 여덟 번째

59  長   [   ]

60 世   [   ]

■ 사단법인 한국어문회·한국한자능력검정회　　　20 . ( ). ( ).　　　7 2 1

수험번호 ☐☐☐-☐☐-☐☐☐☐　　　**성명** ☐☐☐☐☐

생년월일 ☐☐☐☐☐☐

※ 유성 싸인펜, 붉은색 필기구 사용 불가.

※ 답안지는 컴퓨터로 처리되므로 구기거나 더럽히지 마시고, 정답 칸 안에만 쓰십시오. 글씨가 채점란으로 들어오면 오답처리가 됩니다.

제　　회 전국한자능력검정시험 7급Ⅱ 답안지(1)　（시험시간 50분）

번호	답안란 정답	채점란 1검	2검	번호	답안란 정답	채점란 1검	2검	번호	답안란 정답	채점란 1검	2검
1				10				19			
2				11				20			
3				12				21			
4				13				22			
5				14				23			
6				15				24			
7				16				25			
8				17				26			
9				18				27			

감독위원	채점위원(1)	채점위원(2)	채점위원(3)
(서명)	(득점) (서명)	(득점) (서명)	(득점) (서명)

※ 뒷면으로 이어짐

■ 사단법인 한국어문회 · 한국한자능력검정회 　　　　20 . ( ). ( ). 　　　 7 2 2 ■

※ 답안지는 컴퓨터로 처리되므로 구기거나 더럽히지 마시고, 정답 칸 안에만 쓰십시오. 글씨가 채점란으로 들어오면 오답처리가 됩니다.

제 　 회 전국한자능력검정시험 7급Ⅱ 답안지(2)

번호	정답	1검	2검	번호	정답	1검	2검	번호	정답	1검	2검
28				39				50			
29				40				51			
30				41				52			
31				42				53			
32				43				54			
33				44				55			
34				45				56			
35				46				57			
36				47				58			
37				48				59			
38				49				60			

한자능력검정시험 7급Ⅱ 예상문제 정답

【제1회】 예상문제(17p~18p)

1 남동	2 정문	3 오전	4 시장
5 수도	6 공기	7 생가	8 매년
9 동물	10 농군	11 공장	12 세상
13 남자	14 선후	15 성명	16 강산
17 중간	18 형제	19 칠십	20 모교
21 전력	22 실내	23 스스로 자	24 수레 거/차
25 아닐 불	26 대답 답	27 일 사	28 평평할 평
29 효도 효	30 작을 소	31 아래 하	32 설 립
33 때 시	34 편안 안	35 온전 전	36 아비 부
37 푸를 청	38 곧을 직	39 기록할 기	40 배울 학
41 말씀 화	42 아홉 구	43 쇠 금/성 김	44 큰 대
45 먹을 식	46 살 활	47 임금 왕	48 일만 만
49 백성 민	50 북녘 북/달아날 배	51 바깥 외	
52 불 화	53 마디 촌	54 서녘 서	55 ① 人山
56 ④ 八方	57 ① 足	58 ③ 月	59 ④ 네 번째
60 ③ 세 번째			

【제2회】 예상문제(21p~22p)

1 가사	2 장자	3 형제	4 교실
5 전기	6 공군	7 북방	8 목수
9 하인	10 중간	11 남녀	12 평생
13 강남	14 공장	15 활동	16 부모
17 매년	18 만물	19 오후	20 농민
21 일시	22 사촌	23 대답 답	24 설 립
25 온전 전	26 먹을 식	27 편안 안	28 아닐 불
29 성 성	30 인간 세	31 저자 시	32 스스로 자
33 오를/오른 우	34 앞 전	35 윗 상	36 발 족
37 바다 해	38 말씀 화	39 효도 효	40 곧을 직
41 수레 거/수레 차	42 힘 력	43 ④ 名門	
44 ③ 大金	45 ⑥ 月	46 ② 校	47 ⑧ 火
48 ④ 日	49 ⑦ 九	50 ⑤ 靑	51 ⑨ 白
52 ⑩ 土	53 ① 小	54 ③ 水	55 ③ 西
56 ① 外	57 예순	58 올바른 길	59 ④ 네 번째
60 ③ 세 번째			

【제3회】 예상문제(25p~26p)

1 공장	2 전기	3 생전	4 시외
5 공군	6 가장	7 만물	8 성명
9 효자	10 좌우	11 오후	12 자동
13 해수	14 도립	15 실내	16 시간
17 정답	18 세상	19 화산	20 사방
21 안전	22 동강	23 여섯 륙	24 수레 거/차
25 아닐 불	26 매양 매	27 달 월	28 발 족
29 곧을 직	30 아래 하	31 말씀 화	32 살 활
33 마디 촌	34 가운데 중	35 임금 왕	36 먹을 식
37 흰 백	38 백성 민	39 힘 력	40 큰 대
41 손 수	42 나무 목	43 ④ 靑年	44 ③ 校門
45 ⑥ 事	46 ⑨ 弟	47 ⑦ 平	48 ③ 九
49 ① 西	50 ⑤ 女	51 ② 敎	52 ⑩ 男
53 ⑧ 人	54 ④ 母	55 ③ 北	56 ① 先
57 농사짓는 땅	58 날마다 적는 기록		59 ③ 세 번째
60 ⑦ 일곱 번째			

【제4회】 예상문제(29p~30p)

1 상공	2 교실	3 교문	4 국가
5 공장	6 간식	7 한강	8 하산
9 전기	10 구십	11 오전	12 기사
13 군인	14 농민	15 청년	16 자녀
17 선생	18 형제	19 부모	20 시립
21 남방	22 평정	23 일만 만	24 힘 력
25 큰 대	26 동녘 동	27 나무 목	28 달 월
29 긴 장	30 발 족	31 가운데 중	32 말씀 화
33 손 수	34 인간 세	35 서녘 서	36 다섯 오
37 대답 답	38 북녘 북	39 임금 왕	40 아니 불
41 배울 학	42 마디 촌	43 편안 안	44 여섯 륙
45 불 화	46 흙 토	47 스스로 자	48 작을 소
49 물 수	50 때 시	51 사내 남	52 흰 백
53 ① 右	54 ④ 前	55 날마다	56 네 바다
57 ① 活動	58 ④ 內外	59 ⑥ 여섯 번째	
60 ⑤ 다섯 번째			

한자능력검정시험 7급Ⅱ 예상문제 정답

【제5회】예상문제(33p~34p)

1 국군	2 삼한	3 만명	4 매월
5 강산	6 후방	7 식사	8 왕실
9 평안	10 부모	11 농장	12 가장
13 형제	14 동물	15 생활	16 공기
17 전화	18 학교	19 정문	20 중간
21 사촌	22 효자	23 해 년	24 발 족
25 푸를 청	26 가르칠 교	27 장인 공	28 곧을 직
29 흙 토	30 큰 대	31 열 십	32 먼저 선
33 스스로 자	34 성 성	35 온전 전	36 힘 력
37 저자 시	38 앞 전	39 아니 불	40 왼 좌
41 인간 세	42 두 이	43 ① 午	44 ⑨ 木
45 ⑩ 八	46 ⑤ 立	47 ⑧ 時	48 ③ 車
49 ⑦ 日	50 ④ 記	51 ⑥ 五	52 ② 答
53 ② 內	54 ① 西	55 ④ 男	56 ② 人
57 흰색의 금	58 물길	59 ③ 세 번째	60 ④ 네 번째

【제7회】예상문제(41p~42p)

1 공간	2 만명	3 학생	4 제자
5 활력	6 남산	7 문전	8 공장
9 국군	10 농사	11 방도	12 북한
13 남녀	14 목수	15 동물	16 시장
17 매년	18 부모	19 대가	20 전기
21 정오	22 세인	23 강 강	24 아홉 구
25 기록할 기	26 대답 답	27 여섯 륙	28 백성 민
29 흰 백	30 아닐 불	31 석 삼	32 서녘 서
33 가르칠 교	34 작을 소	35 때 시	36 열 십
37 편안 안	38 다섯 오	39 임금 왕	40 오른 우
41 달 월	42 두 이	43 ⑩ 直	44 ① 自
45 ⑧ 全	46 ⑥ 一	47 ② 青	48 ④ 八
49 ⑦ 平	50 ⑤ 孝	51 ⑨ 七	52 ③ 日
53 ② 東海	54 ④ 四寸	55 ③ 先	56 ① 下
57 방 안	58 왼발	59 ⑦ 일곱 번째	
60 ⑤ 다섯 번째			

【제6회】예상문제(37p~38p)

1 농사	2 남녀	3 토목	4 대문
5 공장	6 공간	7 만명	8 효자
9 안전	10 전기	11 학년	12 국립
13 동물	14 백강	15 북방	16 사촌
17 평시	18 시내	19 오전	20 교실
21 팔도	22 후세	23 집 가	24 아홉 구
25 기록할 기	26 남녘 남	27 동녘 동	28 힘 력
29 백성 민	30 아비 부	31 아닐 불	32 메 산
33 석 삼	34 먼저 선	35 작을 소	36 곧을 직
37 한국/나라 한	38 먹을 식	39 열 십	40 임금 왕
41 바깥 외	42 다섯 오	43 사람 인	44 학교 교
45 스스로 자	46 바를 정	47 아우 제	48 어미 모
49 가운데 중	50 대답 답	51 푸를 청	52 말씀 화
53 ④ 水	54 ⑤ 足	55 ⑤ 右	56 ③ 月
57 서쪽 바다	58 맏 형, 큰 형	59 ⑦ 일곱 번째	
60 ⑤ 다섯 번째			

【제8회】예상문제(45p~46p)

1 기사	2 농가	3 실내	4 중간
5 대장	6 선생	7 목수	8 서군
9 제자	10 국도	11 전기	12 동해
13 정답	14 이세	15 삼일	16 오후
17 명인	18 사촌	19 공장	20 불평
21 전년	22 오월	23 바깥 외	24 일곱 칠
25 흙 토	26 여덟 팔	27 효도 효	28 살 활
29 먹을 식	30 말씀 화	31 형 형	32 움직일 동
33 흰 백	34 배울 학	35 설 립	36 강 강
37 수레 거(차)	38 빌 공	39 아홉 구	40 쇠 금/성 김
41 저자 시	42 스스로 자	43 ① 足	44 ③ 左
45 ⑤ 民	46 ⑥ 一	47 ② 小	48 ④ 王
49 ⑩ 教	50 ⑦ 力	51 ⑨ 六	52 ⑧ 十
53 ③ 每時	54 ① 萬物	55 ④ 父	56 ① 下
57 학교 문	58 푸른 산	59 ④ 네 번째	
60 ⑦ 일곱 번째			

한자능력검정시험 7급 II 예상문제 정답

【제9회】예상문제(49p~50p)

1 가사	2 오월	3 간식	4 강산
5 부모	6 공기	7 동해	8 농군
9 만물	10 교실	11 선생	12 도립
13 남녀	14 제자	15 대문	16 사방
17 공장	18 좌우	19 국외	20 연중
21 시장	22 전교	23 살 활	24 두 이
25 흙 토	26 형 형	27 효도 효	28 스스로 자
29 사람 인	30 작을 소	31 발 족	32 말씀 화
33 여덟 팔	34 때 시	35 아홉 구	36 한 일
37 배울 학	38 열 십	39 인간 세	40 수레 거
41 물 수	42 손 수	43 ③ 南北	44 ① 每日
45 ⑨ 內	46 ⑤ 火	47 ② 木	48 ③ 正
49 ⑦ 三	50 ④ 電	51 ① 午	52 ⑥ 直
53 ⑧ 青	54 ⑩ 寸	55 ② 後	56 ④ 下
57 성과 이름	58 움직이게 하는 힘		59 ⑥ 여섯 번째
60 ② 두 번째			

한자능력검정시험

7급 II 기출문제 (제101회~제108회)

- 기출문제(제101회~108회)
- 정답(75p~76p)

→ 본 기출문제는 수험생들의 기억에 의하여 재생된 문제입니다.

제101회 한자능력검정시험 7급Ⅱ 기출문제
(2023. 06. 03 시행)

(社) 한국어문회 주관·한국한자능력검정회 시행

문 항 수 : 60문항
합격문항 : 42문항
제한시간 : 50분

01 다음 밑줄 친 漢字語(한자어)의 음(음 : 소리)을 쓰세요. (1~22)

보기   漢字 → 한자

1 이번 전시회에서는 세계적인 <u>大家</u>들의 작품을 볼 수 있습니다. [   ]
2 핵무기는 인류의 <u>安全</u>에 큰 위협이 됩니다. [   ]
3 하늘로 솟구친 비행기가 <u>水平</u>을 유지하였습니다. [   ]
4 산업 단지에 많은 <u>工場</u>들이 들어섰습니다. [   ]
5 곡식 한 알 한 알에 <u>農民</u>들의 땀방울이 묻어있습니다. [   ]
6 아침에 맑던 하늘이 <u>午後</u>가 되면서 흐려졌습니다. [   ]
7 마을은 <u>四方</u>이 산으로 둘러싸여 아늑합니다. [   ]
8 아버지께서는 자랑스러운 대한민국 <u>軍人</u>이십니다. [   ]
9 봄 가뭄으로 <u>空氣</u>가 매우 건조합니다. [   ]
10 <u>白金</u>은 장식품뿐만 아니라 치료용으로도 사용됩니다. [   ]
11 천년<u>萬年</u> 사는 사람은 아무도 없습니다. [   ]
12 <u>車道</u>를 건널 때는 반드시 좌우를 살펴 안전을 확인합니다. [   ]
13 마법에 걸린 <u>王子</u>는 야수가 되었습니다. [   ]
14 조선시대에 천주교를 <u>西學</u>이라고 하였습니다. [   ]
15 동생이 조심스럽게 <u>左右</u>를 살피며 찻길을 건넜습니다. [   ]
16 그는 <u>正直</u>하고 청렴한 선비였습니다. [   ]
17 날이 어두워 <u>事物</u>을 제대로 분간할 수 없습니다. [   ]
18 영수는 <u>時間</u>이 날 때마다 책을 읽었습니다. [   ]
19 옆집 할머니는 <u>每日</u> 아침마다 골목길 청소를 하십니다. [   ]
20 <u>中東</u> 지역은 세계적인 석유 생산 지역입니다. [   ]
21 내일은 <u>校內</u> 합창 대회가 있는 날입니다. [   ]
22 식물의 <u>生長</u>에는 물, 햇빛, 온도가 필요합니다. [   ]

02 다음 漢字(한자)의 訓(훈:뜻)과 음(음:소리)을 쓰세요. (23~42)

보기   漢 → 한나라 한

23 靑 [   ]
24 火 [   ]
25 八 [   ]
26 月 [   ]
27 十 [   ]
28 南 [   ]
29 答 [   ]
30 海 [   ]
31 父 [   ]
32 姓 [   ]

제101회 한자능력검정시험 7급Ⅱ 기출문제

33 弟 [   ]

34 先 [   ]

35 寸 [   ]

36 外 [   ]

37 漢 [   ]

38 北 [   ]

39 九 [   ]

40 五 [   ]

41 土 [   ]

42 七 [   ]

03 다음 밑줄 친 漢字語(한자어)를 〈보기〉에서 골라 그 번호를 쓰세요. (43~44)

| 보기 | ① 電力 | ② 韓食 | ③ 活動 | ④ 世上 |

43 올빼미는 밤에 <u>활동</u>을 하는 야행성 동물입니다.

[   ]

44 <u>세상</u>은 우리의 생각보다 훨씬 넓고 복잡합니다.

[   ]

04 다음 訓(훈:뜻)과 音(음:소리)에 맞는 漢字(한자)를 〈보기〉에서 골라 그 번호를 쓰세요. (45~54)

보기	① 兄	② 三	③ 母	④ 下
	⑤ 六	⑥ 室	⑦ 前	⑧ 木
	⑨ 小	⑩ 敎		

45 아래 하 [   ]

46 석 삼 [   ]

47 앞 전 [   ]

48 나무 목 [   ]

49 형 형 [   ]

50 가르칠 교 [   ]

51 집 실 [   ]

52 작을 소 [   ]

53 어미 모 [   ]

54 여섯 륙 [   ]

05 다음 漢字(한자)의 상대 또는 반대되는 漢字(한자)를 〈보기〉에서 골라 그 번호를 쓰세요. (55~56)

| 보기 | ① 江 | ② 記 | ③ 市 | ④ 女 |

55 (   ) ↔ 山

56 男 ↔ (   )

06 다음 뜻에 맞는 漢字語(한자어)를 〈보기〉에서 찾아 그 번호를 쓰세요. (57~58)

| 보기 | ① 自足 | ② 國立 | ③ 名門 | ④ 手話 |

57 스스로 넉넉함을 느낌. [   ]

58 몸짓이나 손짓으로 표현하는 말. [   ]

07 다음 漢字(한자)의 진하게 표시한 획은 몇 번째 쓰는지 〈보기〉에서 찾아 그 번호를 쓰세요. (59~60)

보기	① 첫 번째	② 두 번째
	③ 세 번째	④ 네 번째
	⑤ 다섯 번째	⑥ 여섯 번째
	⑦ 일곱 번째	⑧ 여덟 번째
	⑨ 아홉 번째	⑩ 열 번째
	⑪ 열한 번째	⑫ 열두 번째
	⑬ 열세 번째	⑭ 열네 번째

59 孝 [   ]

60 不 [   ]

제102회 한자능력검정시험 7급 II 기출문제

(社) 한국어문회 주관·한국한자능력검정회 시행

2023. 08. 26 시행

문 항 수 : 60문항
합격문항 : 42문항
제한시간 : 50분

01 다음 밑줄 친 漢字語(한자어)의 音(음:소리)을 쓰세요. (1~22)

보기　　　漢字 → 한자

1　2校時에 여러 친구가 발표를 하였습니다. [　　]

2　강원도 山間 지역에 눈이 많이 내렸습니다. [　　]

3　그 집 정원에는 人工으로 만든 작은 연못이 있습니다. [　　]

4　그녀는 아버지를 지극정성으로 모시고 사는 孝女입니다. [　　]

5　옛날에는 이 길로 電車가 다녔다고 합니다. [　　]

6　그의 집은 四方이 산으로 둘러싸여 있습니다. [　　]

7　내가 묻는 말에 正直하게 대답을 하세요. [　　]

8　대도시의 大氣 오염은 이미 한계점에 도달했습니다. [　　]

9　부모님과 함께 安東 하회 마을을 보러 갔습니다. [　　]

10　수희는 고개를 左右로 흔들었습니다. [　　]

11　市長은 우리 시의 살림살이를 직접 이끌어 갑니다. [　　]

12　신데렐라는 무도회에서 王子님을 만났습니다. [　　]

13　이 난에는 본인의 姓名과 주민번호를 적어야 합니다. [　　]

14　이 마을은 아직도 우물물을 食水로 사용합니다. [　　]

15　이 사진은 옛날 우리 조상들의 生活 모습입니다. [　　]

16　이 청자는 우리 家門 대대로 내려오는 것입니다. [　　]

17　인간을 萬物의 영장이라고 합니다. [　　]

18　저는 海軍이 되어 제 고향 바다를 지키고 싶습니다. [　　]

19　조선 시대는 양반과 平民의 구분이 엄격했습니다. [　　]

20　철수가 모형 비행기를 옥상에서 空中으로 날렸습니다. [　　]

21　태풍이 北上하면서 바람이 세어졌습니다. [　　]

22　할아버지는 거친 땅을 農土로 가꾸었습니다. [　　]

02 다음 漢字(한자)의 訓(훈:뜻)과 音(음:소리)을 쓰세요. (23~42)

보기　　　字 → 글자 자

23　敎　[　　]
24　江　[　　]
25　道　[　　]
26　五　[　　]
27　答　[　　]
28　話　[　　]
29　足　[　　]
30　火　[　　]
31　男　[　　]
32　西　[　　]

제102회 **한자능력검정시험 7급Ⅱ 기출문제**

33 二 [　　　　] [　　　　]

34 自 [　　　　] [　　　　]

35 不 [　　　　] [　　　　]

36 下 [　　　　] [　　　　]

37 父 [　　　　] [　　　　]

38 九 [　　　　] [　　　　]

39 六 [　　　　] [　　　　]

40 全 [　　　　] [　　　　]

41 小 [　　　　] [　　　　]

42 靑 [　　　　] [　　　　]

03 다음 밑줄 친 漢字語(한자어)를 〈보기〉에서 골라 그 번호를 쓰세요. (43~44)

보기　① 三國　② 日記　③ 白金　④ 後世

43 자연환경은 <u>후세</u>에게 물려줄 인류의 재산입니다.
　　　　　　　　　　　　　　　　　[　　　　]

44 영희의 <u>일기</u>에는 온통 꽃 그림만 그려져 있습니다.
　　　　　　　　　　　　　　　　　[　　　　]

04 다음 訓(훈:뜻)과 音(음:소리)에 맞는 漢字(한자)를 〈보기〉에서 골라 그 번호를 쓰세요. (45~54)

보기　① 立　② 午　③ 十　④ 母
　　　⑤ 手　⑥ 學　⑦ 先　⑧ 前
　　　⑨ 場　⑩ 木

45 마당 장 [　　　　]

46 배울 학 [　　　　]

47 손 수 [　　　　]

48 앞 전 [　　　　]

49 먼저 선 [　　　　]

50 설 립 [　　　　]

51 어미 모 [　　　　]

52 나무 목 [　　　　]

53 낮 오 [　　　　]

54 열 십 [　　　　]

05 다음 漢字(한자)의 상대 또는 반대되는 漢字(한자)를 〈보기〉에서 골라 그 번호를 쓰세요. (55~56)

보기　① 八　② 外　③ 兄　④ 寸

55 (　　　) ↔ 弟

56 內 ↔ (　　　)

06 다음 뜻에 맞는 漢字語(한자어)를 〈보기〉에서 찾아 그 번호를 쓰세요. (57~58)

보기　① 七月　② 力動　③ 南韓　④ 每事

57 하나하나의 모든 일. [　　　　]

58 힘차고 활발하게 움직임. [　　　　]

07 다음 漢字(한자)의 진하게 표시한 획은 몇 번째 쓰는지 〈보기〉에서 찾아 그 번호를 쓰세요. (59~60)

보기　① 첫 번째　② 두 번째
　　　③ 세 번째　④ 네 번째
　　　⑤ 다섯 번째　⑥ 여섯 번째
　　　⑦ 일곱 번째　⑧ 여덟 번째
　　　⑨ 아홉 번째

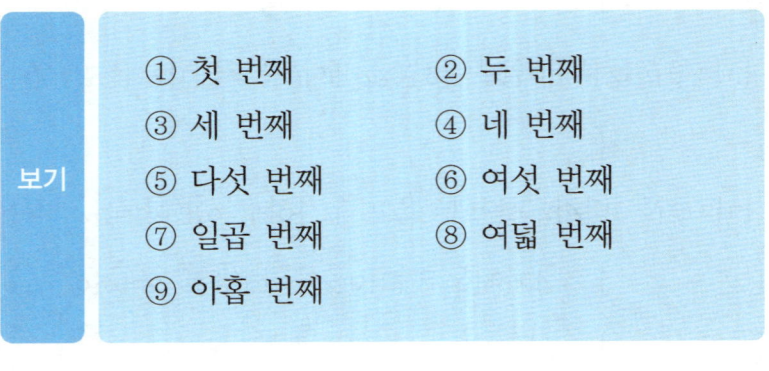

59 [　　　　]

60 [　　　　]

제103회 한자능력검정시험 7급 II 기출문제

2023. 11. 11 시행
(社) 한국어문회 주관·한국한자능력검정회 시행
문 항 수 : 60문항
합격문항 : 42문항
제한시간 : 50분

01 다음 밑줄 친 漢字語(한자어)의 音(음:소리)을 쓰세요. (1~22)

보기: 漢字 → 한자

1. 어릴 때 썼던 그림 日記를 다시 읽어보니 새롭습니다. [ ]
2. 서양 문물과 함께 천주교가 전해졌는데, 이를 西學이라고 합니다. [ ]
3. 몸집이 작은 제비가 江南까지 날아간다니 놀랍습니다. [ ]
4. 물을 잘못 삼켜 氣道로 들어갔는지 갑자기 기침이 납니다. [ ]
5. 우리나라는 東北아시아에 있는 한반도에 자리 잡고 있습니다. [ ]
6. 지난 주말에 우리 가족은 市外로 드라이브를 나갔습니다. [ ]
7. 중국의 노래자라는 사람은 나이 七十에도 부모를 즐겁게 해 드리려 재롱을 떨었다고 합니다. [ ]
8. 버스를 탈 때는 安全한 인도에서 기다립니다. [ ]
9. 널뛰기는 음력 正月이나 단오에 여자들이 즐기던 놀이입니다. [ ]
10. 우리 教室에는 자그마한 어항이 있습니다. [ ]
11. 개미는 女王개미, 수개미, 일개미, 병정개미로 나뉘집니다. [ ]
12. 부스럭거리는 소리에 四方을 둘러보았지만 아무 것도 없었습니다. [ ]
13. 옛날 農民들은 여러 가지 민속놀이를 즐겼습니다. [ ]
14. 우리나라 신생아 수가 每年 줄어들고 있습니다. [ ]
15. 영수는 자기가 유리창을 깼다고 自白했습니다. [ ]
16. 퇴근 시간 무렵이라 車內가 몹시 붐볐습니다. [ ]
17. 電話를 걸 때에는 먼저 자신이 누구인지 밝히는 게 예의입니다. [ ]
18. 앞집 아저씨는 솜씨 좋은 木手로 소문이 났습니다. [ ]
19. 닭갈비와 막국수는 춘천의 名物입니다. [ ]
20. 우리 生活은 날씨의 영향을 많이 받습니다. [ ]
21. 독서를 통해 얻는 지식은 차곡차곡 쌓여 世上을 바꾸는 힘이 됩니다. [ ]
22. 달콤한 間食을 먹으면 기분이 좋아집니다. [ ]

02 다음 漢字(한자)의 訓(훈:뜻)과 音(음:소리)을 쓰세요. (23~42)

보기: 漢 → 한나라 한

23. 子 [ ]
24. 前 [ ]
25. 右 [ ]
26. 火 [ ]
27. 五 [ ]
28. 大 [ ]
29. 家 [ ]
30. 場 [ ]
31. 九 [ ]

제103회 한자능력검정시험 7급Ⅱ 기출문제

32 三 [   ]
33 小 [   ]
34 男 [   ]
35 校 [   ]
36 兄 [   ]
37 左 [   ]
38 中 [   ]
39 土 [   ]
40 足 [   ]
41 二 [   ]
42 工 [   ]

03 다음 밑줄 친 漢字語(한자어)를 〈보기〉에서 골라 그 번호를 쓰세요. (43~44)

| 보기 | ① 軍人 | ② 時空 | ③ 水平 | ④ 六萬 |

43 '견우와 직녀'는 <u>시공</u>을 초월한 사랑 이야기입니다.
[   ]

44 벽에 사진 액자를 걸고 <u>수평</u>을 맞추었습니다.
[   ]

04 다음 訓(훈:뜻)과 音(음:소리)에 맞는 漢字(한자)를 〈보기〉에서 골라 그 번호를 쓰세요. (45~54)

보기	① 不	② 長	③ 韓	④ 父
	⑤ 下	⑥ 靑	⑦ 事	⑧ 午
	⑨ 孝	⑩ 姓		

45 아닐 불 [   ]
46 일 사 [   ]
47 성 성 [   ]
48 낮 오 [   ]
49 아래 하 [   ]
50 효도 효 [   ]

51 아비 부 [   ]
52 한국/나라 한 [   ]
53 긴 장 [   ]
54 푸를 청 [   ]

05 다음 漢字(한자)의 상대 또는 반대되는 漢字(한자)를 〈보기〉에서 골라 그 번호를 쓰세요. (55~56)

| 보기 | ① 海 | ② 先 | ③ 門 | ④ 答 |

55 (   ) ↔ 後
56 山 ↔ (   )

06 다음 뜻에 맞는 漢字語(한자어)를 〈보기〉에서 찾아 그 번호를 쓰세요. (57~58)

| 보기 | ① 八寸 | ② 力動 | ③ 母國 | ④ 直立 |

57 꼿꼿하게 바로 섬. [   ]
58 힘차고 활발하게 움직임. [   ]

07 다음 漢字(한자)의 진하게 표시한 획은 몇 번째 쓰는지 〈보기〉에서 찾아 그 번호를 쓰세요. (59~60)

보기	① 첫 번째	② 두 번째
	③ 세 번째	④ 네 번째
	⑤ 다섯 번째	⑥ 여섯 번째
	⑦ 일곱 번째	⑧ 여덟 번째

59 金 [   ]

60 弟 [   ]

제104회 한자능력검정시험 7급Ⅱ 기출문제

(社) 한국어문회 주관·한국한자능력검정회 시행

2024. 02. 24 시행

문 항 수 : 60문항
합격문항 : 42문항
제한시간 : 50분

01 다음 밑줄 친 漢字語(한자어)의 音(음:소리)을 쓰세요. (1~35)

| 보기 | 漢字 → 한자 |

1. 올해 수출은 <u>前年</u>에 비해 크게 늘어났습니다. [   ]
2. 이 길로 쭉 가면 <u>右方</u>에 시청이 나올 겁니다. [   ]
3. 풍향계를 보니 오늘은 <u>東南</u>풍이 불 것 같습니다. [   ]
4. 일본은 <u>火山</u> 폭발이 자주 일어나는 나라입니다. [   ]
5. 나는 오늘 교회에 <u>五萬</u> 원을 헌금했습니다. [   ]
6. 어머니는 요즘 주부 <u>大學</u>에 다니십니다. [   ]
7. 이 처방은 우리 <u>家門</u>에서 대대로 내려오는 것입니다. [   ]
8. 누나가 <u>市場</u>에 과일을 사러 갔습니다. [   ]
9. 그녀는 <u>國立</u> 기관에서 일하는 공무원입니다. [   ]
10. 그들 두 사람은 <u>三寸</u>과 조카 사이입니다. [   ]
11. 13세 이하 <u>小人</u>의 입장료는 대인의 반값입니다. [   ]
12. 지금부터 <u>校長</u> 선생님의 훈화가 있겠습니다. [   ]
13. 달리기에서 <u>兄弟</u>가 나란히 1, 2 위를 차지했습니다. [   ]
14. 학교와 집의 <u>中間</u>에서 그를 만나기로 하였습니다. [   ]
15. 버려진 땅을 개간하여 좋은 <u>農土</u>로 바꾸었습니다. [   ]
16. <u>工事</u> 관계로 보행에 불편을 드려 죄송합니다. [   ]
17. 그녀는 항상 <u>午後</u> 일곱 시경에 퇴근을 합니다. [   ]
18. 그 집 딸은 둘도 없는 <u>孝女</u>라고 이웃들이 이야기합니다. [   ]
19. 그는 지금까지 <u>不平</u> 한마디 없이 성실히 일했습니다. [   ]
20. 그는 부모님께 <u>下直</u>하고 고향을 떠나왔습니다. [   ]
21. 우리 어머니는 <u>每日</u> 저녁 가계부를 쓰십니다. [   ]
22. <u>民生</u>의 안정이야말로 국력의 근본입니다. [   ]

02 다음 漢字(한자)의 訓(훈:뜻)과 音(음:소리)을 쓰세요. (23~42)

| 보기 | 漢 → 한나라 한 |

23. 答 [   ]
24. 父 [   ]
25. 木 [   ]
26. 姓 [   ]
27. 道 [   ]
28. 自 [   ]
29. 白 [   ]
30. 靑 [   ]
31. 金 [   ]
32. 世 [   ]

제104회 한자능력검정시험 7급Ⅱ 기출문제

33 韓   [   ]

34 物   [   ]

35 月   [   ]

36 食   [   ]

37 氣   [   ]

38 名   [   ]

39 時   [   ]

40 安   [   ]

41 四   [   ]

42 母   [   ]

---

03 다음 밑줄 친 漢字語(한자어)를 〈보기〉에서 골라 그 번호를 쓰세요. (43~44)

| 보기 | ① 漢江 | ② 北西 | ③ 活動 | ④ 電話 |

43 올해 연극계는 신진들의 활동이 활발합니다.
                              [   ]

44 겨울에는 북서풍의 영향으로 기온이 많이 내려갑니다.
                              [   ]

---

04 다음 訓(훈:뜻)과 音(음:소리)에 맞는 漢字(한자)를 〈보기〉에서 골라 그 번호를 쓰세요. (45~54)

보기	① 記	② 軍	③ 車	④ 二
	⑤ 九	⑥ 王	⑦ 左	⑧ 先
	⑨ 全	⑩ 力		

45 두 이   [   ]

46 군사 군   [   ]

47 아홉 구   [   ]

48 온전 전   [   ]

49 임금 왕   [   ]

50 왼 좌   [   ]

51 먼저 선   [   ]

52 힘 력   [   ]

53 기록할 기   [   ]

54 수레 거/차   [   ]

---

05 다음 漢字(한자)의 상대 또는 반대되는 漢字(한자)를 〈보기〉에서 골라 그 번호를 쓰세요. (55~56)

| 보기 | ① 上 | ② 七 | ③ 足 | ④ 內 |

55 (   ) ↔ 外

56 手 ↔ (   )

---

06 다음 뜻에 맞는 漢字語(한자어)를 〈보기〉에서 찾아 그 번호를 쓰세요. (57~58)

| 보기 | ① 六十 | ② 敎室 | ③ 海水 | ④ 子正 |

57 밤 열두 시   [   ]

58 바닷물   [   ]

---

07 다음 漢字(한자)의 진하게 표시한 획은 몇 번째 쓰는지 〈보기〉에서 찾아 그 번호를 쓰세요. (59~60)

보기	① 첫 번째	② 두 번째
	③ 세 번째	④ 네 번째
	⑤ 다섯 번째	⑥ 여섯 번째
	⑦ 일곱 번째	⑧ 여덟 번째

59 空   [   ]

60 男   [   ]

제105회 한자능력검정시험 7급Ⅱ 기출문제

(社) 한국어문회 주관·한국한자능력검정회 시행
2024. 05. 25 시행
문 항 수 : 60문항
합격문항 : 42문항
제한시간 : 50분

01 다음 밑줄 친 漢字語(한자어)의 음(음:소리)을 쓰세요. (1~35)

보기: 漢字 → 한자

1 火山의 분출구는 오랜 시간이 흐른 후에 호수가 되기도 합니다. [   ]
2 우리 家門은 예로부터 청렴결백과 예의를 귀중히 여겼습니다. [   ]
3 뒤뚱뒤뚱 걸어가는 어린 아이의 뒷모습이 왠지 不安해 보입니다. [   ]
4 고성 앞바다에서는 大王 문어가 잡히기도 합니다. [   ]
5 동생의 日記에는 온통 꽃 그림만 그려져 있습니다. [   ]
6 노모를 모시는 孝子에게 산신령이 산삼을 내려 주었습니다. [   ]
7 정부는 봄철 산불 예방을 위해 萬全을 기했습니다. [   ]
8 어둠이 깔리자 四方은 쥐죽은 듯 고요했습니다. [   ]
9 이 工場에서 생산되는 제품은 전량 수출됩니다. [   ]
10 언니는 時間만 나면 등산을 즐깁니다. [   ]
11 父母님의 사랑은 너무나 커서 헤아릴 수조차 없습니다. [   ]
12 고구려 유적이 南韓 지역에서 발견되었습니다. [   ]
13 그 부부는 五十여 년을 동고동락했습니다. [   ]
14 三寸의 나이는 올해 서른 두 살입니다. [   ]
15 사물놀이는 國外에서도 좋은 평가를 받았습니다. [   ]
16 선수들의 정신력이 경기의 승패를 左右할 수 있습니다. [   ]
17 영철이는 바람 빠진 타이어에 空氣를 넣었습니다. [   ]
18 어머니는 우리 세 兄弟에게 큰 기대를 걸고 계십니다. [   ]
19 넘실대는 東海의 물결을 보니 마음이 상쾌해집니다. [   ]
20 고려 水軍은 화포를 배에 싣고 진포 앞바다로 돌진하였습니다. [   ]
21 좋은 生活 습관이 들면 자기 발전에 도움이 됩니다. [   ]
22 우리나라는 겨울에 차고 건조한 北西 계절풍의 영향을 받습니다. [   ]

02 다음 漢字(한자)의 訓(훈:뜻)과 음(음:소리)을 쓰세요. (23~42)

보기: 漢 → 한나라 한

23 姓 [   ]
24 小 [   ]
25 先 [   ]
26 車 [   ]
27 校 [   ]
28 月 [   ]
29 上 [   ]
30 足 [   ]
31 室 [   ]
32 事 [   ]

제105회 한자능력검정시험 7급 II 기출문제

33 前   [   ]

34 內   [   ]

35 長   [   ]

36 八   [   ]

37 正   [   ]

38 中   [   ]

39 土   [   ]

40 漢   [   ]

41 話   [   ]

42 六   [   ]

03 다음 밑줄 친 漢字語(한자어)를 〈보기〉에서 골라 그 번호를 쓰세요. (43~44)

> 보기   ① 每年   ② 午後   ③ 人物   ④ 市民

43 기상청은 <u>오후</u> 늦게 비가 올 것으로 예보했습니다.
                                            [   ]

44 나라가 발전하려면 젊은 <u>인물</u>이 많이 필요합니다.
                                            [   ]

04 다음 訓(훈:뜻)과 音(음:소리)에 맞는 漢字(한자)를 〈보기〉에서 골라 그 번호를 쓰세요. (45~54)

> 보기   ① 手   ② 名   ③ 平   ④ 江
>   ⑤ 電   ⑥ 立   ⑦ 下   ⑧ 食
>   ⑨ 白   ⑩ 七

45 평평할 평   [   ]

46 이름 명   [   ]

47 아래 하   [   ]

48 밥/먹을 식   [   ]

49 설 립   [   ]

50 번개 전   [   ]

51 강 강   [   ]

52 손 수   [   ]

53 흰 백   [   ]

54 일곱 칠   [   ]

05 다음 漢字(한자)의 상대 또는 반대되는 漢字(한자)를 〈보기〉에서 골라 그 번호를 쓰세요. (55~56)

> 보기   ① 金   ② 學   ③ 木   ④ 男

55 (   ) ↔ 女

56 敎 ↔ (   )

06 다음 뜻에 맞는 漢字語(한자어)를 〈보기〉에서 찾아 그 번호를 쓰세요. (57~58)

> 보기   ① 世道   ② 直答   ③ 自農   ④ 力動

57 세상을 살아가는 데에 지켜야 할 도의. [   ]

58 힘차고 활발하게 움직임.   [   ]

07 다음 漢字(한자)의 진하게 표시한 획은 몇 번째 쓰는지 〈보기〉에서 찾아 그 번호를 쓰세요. (59~60)

> 보기
> ① 첫 번째   ② 두 번째
> ③ 세 번째   ④ 네 번째
> ⑤ 다섯 번째   ⑥ 여섯 번째
> ⑦ 일곱 번째   ⑧ 여덟 번째

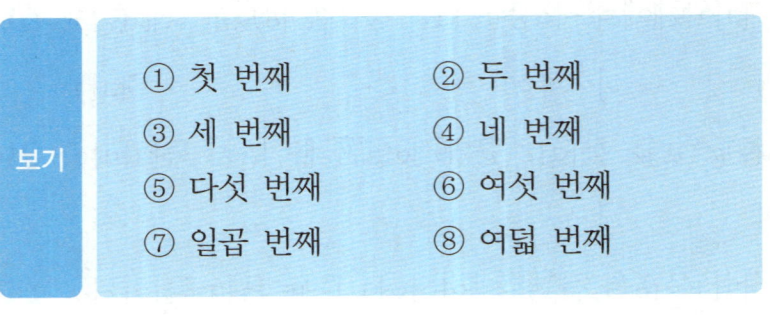

59   [   ]

60   [   ]

제106회 한자능력검정시험 7급 II 기출문제

2024. 08. 24 시행
(社) 한국어문회 주관·한국한자능력검정회 시행

문 항 수 : 60문항
합격문항 : 42문항
제한시간 : 50분

01 다음 밑줄 친 漢字語(한자어)의 音(음:소리)을 쓰세요. (1~35)

보기: 漢字 → 한자

1 추석에는 <u>一家</u> 친척들이 함께 모여 성묘를 합니다. [　　]
2 그는 어느 한쪽으로 치우치지 않는 <u>中道</u>의 입장을 취하였다. [　　]
3 <u>日氣</u>예보에서 내일은 날씨가 매우 덥다고 합니다. [　　]
4 우리나라 초등학교는 <u>六年</u>제입니다. [　　]
5 모든 일은 <u>先手</u>를 쳐야 이기는 법입니다. [　　]
6 요즘은 반려<u>動物</u>을 키우는 가정이 많습니다. [　　]
7 아프리카에는 식량이 <u>不足</u>하여 굶는 아이들이 많습니다. [　　]
8 우리 편 공격수들이 상대 선수들의 <u>後方</u>을 노렸습니다. [　　]
9 모름지기 사람은 성실하고 <u>正直</u>해야 합니다. [　　]
10 토요일에 부모님과 <u>市內</u> 맛집에서 식사를 하였습니다. [　　]
11 신라 시대에는 세 명의 <u>女王</u>이 있었습니다. [　　]
12 우리는 <u>學校</u> 운동장에서 축구를 하였습니다. [　　]
13 김치·불고기·비빔밥 등 <u>韓食</u>을 좋아하는 외국인이 늘어났습니다. [　　]
14 올해에 <u>四寸</u> 동생이 초등학교에 입학합니다. [　　]
15 횡단보도를 건너기 전에 먼저 <u>左右</u>를 살핍니다. [　　]
16 어떤 일이라도 <u>全力</u>을 다하면 반드시 이뤄질 수 있습니다. [　　]
17 친구들과 <u>農場</u>에 가서 체험활동을 하였습니다. [　　]
18 옆집 <u>父子</u>는 휴일마다 함께 등산을 합니다. [　　]
19 적도 근해의 <u>海水</u> 온도는 한낮이면 거의 30도까지 상승합니다. [　　]
20 아버지는 어머니 생신 선물로 <u>白金</u>반지를 준비했습니다. [　　]
21 <u>靑山</u>은 나를 보고 말없이 살라고 합니다. [　　]
22 우리는 <u>時空</u>을 초월하는 공상과학영화를 재미있게 봅니다. [　　]

02 다음 漢字(한자)의 訓(훈:뜻)과 音(음:소리)을 쓰세요. (23~42)

보기: 漢 → 한나라 한

23 室 [　　]
24 生 [　　]
25 九 [　　]
26 軍 [　　]
27 敎 [　　]
28 外 [　　]
29 答 [　　]
30 電 [　　]
31 門 [　　]

제106회 한자능력검정시험 7급Ⅱ 기출문제

32 萬   [   ]
33 母   [   ]
34 江   [   ]
35 民   [   ]
36 長   [   ]
37 立   [   ]
38 七   [   ]
39 平   [   ]
40 孝   [   ]
41 活   [   ]
42 十   [   ]

03 다음 밑줄 친 漢字語(한자어)를 〈보기〉에서 골라 그 번호를 쓰세요. (43~44)

| 보기 | ① 南東 | ② 三國 | ③ 姓名 | ④ 下人 |

43 여름에는 육지가 바다보다 더워져 <u>남동</u>풍이 발생합니다.   [   ]
44 현장 출동 경찰관은 소속과 <u>성명</u>을 밝혀야 합니다.   [   ]

04 다음 訓(훈:뜻)과 音(음:소리)에 맞는 漢字(한자)를 〈보기〉에서 골라 그 번호를 쓰세요. (45~54)

보기	① 記	② 間	③ 自	④ 安
	⑤ 車	⑥ 話	⑦ 上	⑧ 男
	⑨ 世	⑩ 事		

45 사이 간   [   ]
46 수레 거 | 수레 차   [   ]
47 윗 상   [   ]
48 편안 안   [   ]
49 기록할 기   [   ]
50 스스로 자   [   ]

51 사내 남   [   ]
52 말씀 화   [   ]
53 인간 세   [   ]
54 일 사   [   ]

05 다음 漢字(한자)의 상대 또는 반대되는 漢字(한자)를 〈보기〉에서 골라 그 번호를 쓰세요. (55~56)

| 보기 | ① 大 | ② 火 | ③ 土 | ④ 弟 |

55 (   ) ↔ 小
56 兄 ↔ (   )

06 다음 뜻에 맞는 漢字語(한자어)를 〈보기〉에서 찾아 그 번호를 쓰세요. (57~58)

| 보기 | ① 木工 | ② 二月 | ③ 午前 | ④ 北西 |

57 해가 뜰 때부터 정오까지의 낮 시간.   [   ]
58 나무를 다루어서 물건을 만드는 일.   [   ]

07 다음 漢字(한자)의 진하게 표시한 획은 몇 번째 쓰는지 〈보기〉에서 찾아 그 번호를 쓰세요. (59~60)

보기	① 첫 번째	② 두 번째
	③ 세 번째	④ 네 번째
	⑤ 다섯 번째	⑥ 여섯 번째
	⑦ 일곱 번째	

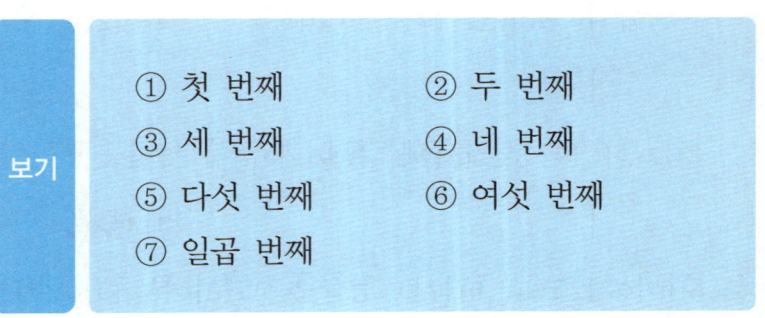

59   [   ]
60   [   ]

제107회 한자능력검정시험 7급 II 기출문제
2024. 11. 09 시행

문 항 수 : 60문항
합격문항 : 42문항
제한시간 : 50분

01 다음 밑줄 친 漢字語(한자어)의 音(음:소리)을 쓰세요. (1~35)

보기: 漢字 → 한자

1. 선생님은 <u>敎室</u> 뒤편에 아이들이 그린 자화상을 걸었습니다. [   ]
2. 이모는 서른이 넘었지만 <u>二十</u> 대 초반처럼 보입니다. [   ]
3. 태풍이 제주도 <u>南西</u> 지역을 통과할 예정이라고 합니다. [   ]
4. 이순신 장군이 이끄는 <u>水軍</u>은 남해안 일대의 왜적을 크게 무찔렀습니다. [   ]
5. <u>九月</u> 중순이 되니 국도변의 코스모스가 한창입니다. [   ]
6. 최근에는 도로 곳곳에서 <u>電氣</u> 자동차를 볼 수 있습니다. [   ]
7. 자석을 <u>空中</u>에 매달면 항상 북쪽과 남쪽을 가리킵니다. [   ]
8. 읍내 풍물 <u>市場</u>에 가면 먹거리가 넘쳐납니다. [   ]
9. 단옷날이 되자 마을 <u>靑年</u>들이 장터에서 씨름판을 벌였습니다. [   ]
10. 최 대감은 <u>下人</u>들에게 마당을 쓸도록 분부를 내렸습니다. [   ]
11. 세종 <u>大王</u>은 학문과 과학에 조예가 깊은 임금이었습니다. [   ]
12. 요즘에는 <u>兄弟</u>나 자매가 없는 외동들이 많습니다. [   ]
13. 할아버지께서는 <u>北韓</u>에 두고 온 가족들을 한시도 잊지를 못합니다. [   ]
14. 고기압의 영향으로 <u>全國</u>이 대체로 맑겠습니다. [   ]
15. 이 <u>世上</u>은 우리가 상상한 것보다 훨씬 다양하고 복잡합니다. [   ]
16. 산 정상에 오르니 <u>四方</u>이 확 트여 가슴이 후련합니다. [   ]
17. 우리집 지하실은 <u>五萬</u> 가지 잡동사니로 가득합니다. [   ]
18. 올해 <u>學校</u>에 입학한 막내는 새로 배우는 모든 것이 신기한 모양입니다. [   ]
19. 삼촌은 <u>每日</u> 저녁 한 시간씩 자전거를 탑니다. [   ]
20. 우리나라 강원도 <u>山間</u> 지역에는 눈이 많이 내립니다. [   ]
21. 칫솔질은 <u>食事</u> 후에 해야 치아 건강에 좋습니다. [   ]
22. 아버지께서는 우리 형제에게 늘 <u>正直</u>하게 살라고 하십니다. [   ]

02 다음 漢字(한자)의 訓(훈:뜻)과 音(음:소리)을 쓰세요. (23~42)

보기: 漢 → 한나라 한

23. 前 [   ]
24. 八 [   ]
25. 土 [   ]
26. 七 [   ]
27. 江 [   ]
28. 右 [   ]
29. 足 [   ]
30. 左 [   ]

제107회 한자능력검정시험 7급 II 기출문제

31 道 　　[　　　]

32 記 　　[　　　]

33 白 　　[　　　]

34 木 　　[　　　]

35 門 　　[　　　]

36 姓 　　[　　　]

37 力 　　[　　　]

38 話 　　[　　　]

39 寸 　　[　　　]

40 立 　　[　　　]

41 男 　　[　　　]

42 外 　　[　　　]

03 다음 밑줄 친 漢字語(한자어)를 〈보기〉에서 골라 그 번호를 쓰세요. (43~44)

| 보기 | ① 名車 | ② 活動 | ③ 一金 | ④ 生物 |

43 오빠는 구조대원으로 <u>활동</u>하고 있습니다.

　　　　　　　　　　　　　　[　　　]

44 고래는 지구상에 사는 <u>생물</u> 중에 몸집이 가장 큽니다. 　　　　　　　　　　　　　[　　　]

04 다음 訓(훈:뜻)과 音(음:소리)에 맞는 漢字(한자)를 〈보기〉에서 골라 그 번호를 쓰세요. (45~54)

보기	① 工	② 孝	③ 東	④ 午
	⑤ 內	⑥ 農	⑦ 手	⑧ 父
	⑨ 六	⑩ 海		

45 손 수 　　[　　　]

46 효도 효 　　[　　　]

47 안 내 　　[　　　]

48 낮 오 　　[　　　]

49 장인 공 　　[　　　]

50 농사 농 　　[　　　]

51 바다 해 　　[　　　]

52 아비 부 　　[　　　]

53 여섯 륙 　　[　　　]

54 동녘 동 　　[　　　]

05 다음 漢字(한자)의 상대 또는 반대되는 漢字(한자)를 〈보기〉에서 골라 그 번호를 쓰세요. (55~56)

| 보기 | ① 母 | ② 先 | ③ 時 | ④ 家 |

55 (　　) ↔ 後

56 (　　) ↔ 子

06 다음 뜻에 맞는 漢字語(한자어)를 〈보기〉에서 찾아 그 번호를 쓰세요. (57~58)

| 보기 | ① 不安 | ② 小火 | ③ 長女 | ④ 自答 |

57 마음이 편하지 아니하고 조마조마함. [　　　]

58 <u>스스로</u> 대답함. 　　　　　　[　　　]

07 다음 漢字(한자)의 진하게 표시한 획은 몇 번째 쓰는지 〈보기〉에서 찾아 그 번호를 쓰세요. (59~60)

보기	① 첫 번째	② 두 번째
	③ 세 번째	④ 네 번째
	⑤ 다섯 번째	

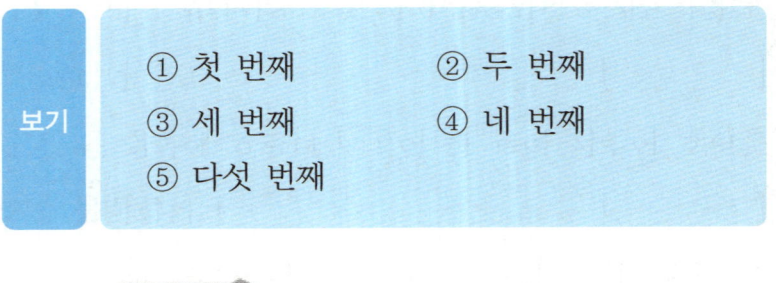

59 　　[　　　]

60 　　[　　　]

제108회 한자능력검정시험 7급Ⅱ 기출문제

2025. 02. 22 시행
(社) 한국어문회 주관·한국한자능력검정회 시행

문 항 수 : 60문항
합격문항 : 42문항
제한시간 : 50분

01 다음 밑줄 친 漢字語(한자어)의 音(음:소리)을 쓰세요. (1~35)

보기	漢字 → 한자

1 <u>韓國</u>과 독일의 축구 경기가 다음 주 예정되어 있습니다. [ ]

2 이곳은 <u>外人</u>의 출입이 금지되어 있습니다. [ ]

3 지난밤 내린 많은 비로 인해 댐 <u>水門</u> 개방이 이루어졌습니다. [ ]

4 우리 마을에는 <u>孝子</u>로 이름난 사람들이 많습니다. [ ]

5 학교는 이곳에서 <u>南東</u> 쪽 방면에 위치합니다. [ ]

6 이번 전국체전에 <u>道內</u>의 실력자들이 많이 출전하였습니다. [ ]

7 횡단보도를 건너기 전에는 언제나 <u>左右</u>를 잘 살펴야 합니다. [ ]

8 이번 눈은 내일 <u>午前</u>까지 계속 내릴 것으로 예상됩니다. [ ]

9 가을철 <u>農家</u>에서는 추수로 분주합니다. [ ]

10 언제나 <u>正直</u>한 마음으로 살아가려 노력해야 합니다. [ ]

11 맑은 <u>空氣</u>를 누리기 위해서는 우리 모두의 노력이 절실합니다. [ ]

12 <u>時間</u> 약속을 잘 지키는 것이 신뢰의 기초입니다. [ ]

13 <u>敎室</u> 안에서는 뛰어다니지 않습니다. [ ]

14 이번 연말은 <u>平安</u>하게 보냈으면 좋겠습니다. [ ]

15 <u>萬一</u>의 경우를 위해 충분히 준비해 두어야 합니다. [ ]

16 <u>自力</u>으로 본선 진출을 하려면 더 많은 승리가 필요합니다. [ ]

17 그 행사는 다음 달 <u>五日</u>로 예정되어 있습니다. [ ]

18 막내 <u>三寸</u>은 나와 항상 잘 놀아 주십니다. [ ]

19 우리 반 진우는 여러 형제 중 <u>長男</u>입니다. [ ]

20 답안지에 자신의 <u>姓名</u>을 잘 적었는지 확인해야 합니다. [ ]

21 신라 시대 <u>女王</u>은 총 3명이 있었습니다. [ ]

22 음식점에서 식사를 한 뒤 인터넷에 <u>後記</u>를 작성하였습니다. [ ]

02 다음 漢字(한자)의 訓(훈:뜻)과 音(음:소리)을 쓰세요. (23~42)

보기	漢 → 한나라 한

23 海 [ ]
24 動 [ ]
25 市 [ ]
26 不 [ ]
27 七 [ ]
28 下 [ ]
29 中 [ ]
30 立 [ ]
31 校 [ ]

제108회 한자능력검정시험 7급 II 기출문제

32 八 [   ]

33 江 [   ]

34 小 [   ]

35 事 [   ]

36 民 [   ]

37 九 [   ]

38 大 [   ]

39 月 [   ]

40 弟 [   ]

41 先 [   ]

42 十 [   ]

03 다음 밑줄 친 漢字語(한자어)를 〈보기〉에서 골라 그 번호를 쓰세요. (43~44)

보기   ① 二世   ② 白金   ③ 電話   ④ 四方

43 이 반지는 <u>백금</u>으로 만들어졌습니다. [   ]

44 내일 <u>전화</u>를 해서 약속을 잡기로 하였습니다.

                                      [   ]

04 다음 訓(훈:뜻)과 音(음:소리)에 맞는 漢字(한자)를 〈보기〉에서 골라 그 번호를 쓰세요. (45~54)

보기   ① 火   ② 活   ③ 車   ④ 六
        ⑤ 兄   ⑥ 每   ⑦ 食   ⑧ 物
        ⑨ 北   ⑩ 軍

45 군사 군 [   ]

46 수레 거 [   ]

47 매양 매 [   ]

48 살 활 [   ]

49 북녘 북 [   ]

50 여섯 륙 [   ]

51 형 형 [   ]

52 밥/먹을 식 [   ]

53 불 화 [   ]

54 물건 물 [   ]

05 다음 漢字(한자)의 상대 또는 반대되는 漢字(한자)를 〈보기〉에서 골라 그 번호를 쓰세요. (55~56)

보기   ① 西   ② 答   ③ 足   ④ 父

55 手 ↔ (   )

56 (   ) ↔ 母

06 다음 뜻에 맞는 漢字語(한자어)를 〈보기〉에서 찾아 그 번호를 쓰세요. (57~58)

보기   ① 工場   ② 學生   ③ 靑山   ④ 土木

57 원료나 재료를 가공하여 물건을 만들어 내는 설비를 갖춘 곳.   [   ]

58 풀과 나무가 무성한 푸른 산.   [   ]

07 다음 漢字(한자)의 진하게 표시한 획은 몇 번째 쓰는지 〈보기〉에서 찾아 그 번호를 쓰세요. (59~60)

보기   ① 첫 번째   ② 두 번째
        ③ 세 번째   ④ 네 번째
        ⑤ 다섯 번째   ⑥ 여섯 번째

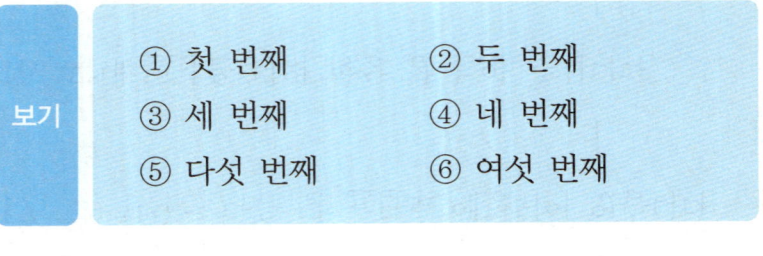

59 [   ]

60 [   ]

한자능력검정시험 7급 II 기출문제 정답

【제101회】 기출문제(59p~60p)

1 대가	2 안전	3 수평	4 공장
5 농민	6 오후	7 사방	8 군인
9 공기	10 백금	11 만년	12 차도
13 왕자	14 서학	15 좌우	16 정직
17 사물	18 시간	19 매일	20 중동
21 교내	22 생장	23 푸를 청	24 불 화
25 여덟 팔	26 달 월	27 열 십	28 남녘 남
29 대답 답	30 바다 해	31 아비 부	32 성 성
33 아우 제	34 먼저 선	35 마디 촌	36 바깥 외
37 한수/한나라 한		38 북녘 북 | 달아날 배	
39 아홉 구	40 다섯 오	41 흙 토	42 일곱 칠
43 ③ 活動	44 ④ 世上	45 ④ 下	46 ② 三
47 ⑦ 前	48 ⑧ 木	49 ① 兄	50 ⑩ 敎
51 ⑥ 室	52 ⑨ 小	53 ③ 母	54 ⑤ 六
55 ① 江	56 ④ 女	57 ① 自足	58 ④ 手話
59 ⑦	60 ④		

【제103회】 기출문제(63p~64p)

1 일기	2 서학	3 강남	4 기도
5 동북	6 시외	7 칠십	8 안전
9 정월	10 교실	11 여왕	12 사방
13 농민	14 매년	15 자백	16 차내
17 전화	18 목수	19 명물	20 생활
21 세상	22 간식	23 아들 자	24 앞 전
25 오를/오른(쪽) 우		26 불 화	27 다섯 오
28 큰 대	29 집 가	30 마당 장	31 아홉 구
32 석 삼	33 작을 소	34 사내 남	35 학교 교
36 형 형	37 왼 좌	38 가운데 중	39 흙 토
40 발 족	41 두 이	42 장인 공	43 ② 時空
44 ③ 水平	45 ① 不	46 ⑦ 事	47 ⑩ 姓
48 ⑧ 午	49 ⑤ 下	50 ⑨ 孝	51 ④ 父
52 ③ 韓	53 ② 長	54 ⑥ 靑	55 ② 先
56 ① 海	57 ④ 直立	58 ② 力動	59 ⑥
60 ⑦			

【제102회】 기출문제(61p~62p)

1 교시	2 산간	3 인공	4 효녀
5 전차	6 사방	7 정직	8 대기
9 안동	10 좌우	11 시장	12 왕자
13 성명	14 식수	15 생활	16 가문
17 만물	18 해군	19 평민	20 공중
21 북상	22 농토	23 가르칠 교	24 강 강
25 길 도	26 다섯 오	27 대답 답	28 말씀 화
29 발 족	30 불 화	31 사내 남	32 서녘 서
33 두 이	34 스스로 자	35 아닐 불	36 아래 하
37 아비 부	38 아홉 구	39 여섯 륙	40 온전 전
41 작을 소	42 푸를 청	43 ④	44 ②
45 ⑨	46 ⑥	47 ⑤	48 ⑧
49 ⑦	50 ①	51 ③	52 ⑩
53 ②	54 ④	55 ③	56 ②
57 ④	58 ②	59 ⑥	60 ④

【제104회】 기출문제(65p~66p)

1 전년	2 우방	3 동남	4 화산
5 오만	6 대학	7 가문	8 시장
9 국립	10 삼촌	11 소인	12 교장
13 형제	14 중간	15 농토	16 공사
17 오후	18 효녀	19 불평	20 하직
21 매일	22 민생	23 대답 답	24 아비 부
25 나무 목	26 성 성	27 길 도	28 스스로 자
29 흰 백	30 푸를 청	31 쇠 금/성 김	32 인간 세
33 한국/나라 한		34 물건 물	35 달 월
36 밥/먹을 식		37 기운 기	38 이름 명
39 때 시	40 편안 안	41 넉 사	42 어미 모
43 ③	44 ②	45 ④	46 ②
47 ⑤	48 ⑨	49 ⑥	50 ⑦
51 ⑧	52 ⑩	53 ①	54 ③
55 ④	56 ③	57 ④	58 ③
59 ⑧	60 ⑥		

한자능력검정시험 7급Ⅱ 기출문제 정답

【제105회】 기출문제(67p~68p)

1 화산	2 가문	3 불안	4 대왕
5 일기	6 효자	7 만전	8 사방
9 공장	10 시간	11 부모	12 남한
13 오십	14 삼촌	15 국외	16 좌우
17 공기	18 형제	19 동해	20 수군
21 생활	22 북서	23 성 성	24 작을 소
25 먼저 선	26 수레 거ㅣ수레 차		27 학교 교
28 달 월	29 윗 상	30 발 족	31 집 실
32 일 사	33 앞 전	34 안 내	35 긴 장
36 여덟 팔	37 바를 정	38 가운데 중	39 흙 토
40 한수/한나라 한		41 말씀 화	42 여섯 륙
43 ② 午後	44 ③ 人物	45 ③ 平	46 ② 名
47 ⑦ 下	48 ⑧ 食	49 ⑥ 立	50 ⑤ 電
51 ④ 江	52 ① 手	53 ⑨ 白	54 ⑩ 七
55 ④ 男	56 ② 學	57 ① 世道	58 ④ 力動
59 ⑧	60 ①		

【제107회】 기출문제(71p~72p)

1 교실	2 이십	3 남서	4 수군
5 구월	6 전기	7 공중	8 시장
9 청년	10 하인	11 대왕	12 형제
13 북한	14 전국	15 세상	16 사방
17 오만	18 학교	19 매일	20 산간
21 식사	22 정직	23 앞 전	24 여덟 팔
25 흙 토	26 일곱 칠	27 강 강	28 오를/오른(쪽) 우
29 발 족	30 왼 좌	31 길 도	32 기록할 기
33 흰 백	34 나무 목	35 문 문	36 성 성
37 힘 력	38 말씀 화	39 마디 촌	40 설 립
41 사내 남	42 바깥 외	43 ②	44 ④
45 ⑦	46 ②	47 ⑤	48 ④
49 ①	50 ⑥	51 ⑩	52 ⑧
53 ⑨	54 ③	55 ②	56 ①
57 ①	58 ④	59 ③	60 ④

【제106회】 기출문제(69p~70p)

1 일가	2 중도	3 일기	4 육년
5 선수	6 동물	7 부족	8 후방
9 정직	10 시내	11 여왕	12 학교
13 한식	14 사촌	15 좌우	16 전력
17 농장	18 부자	19 해수	20 백금
21 청산	22 시공	23 집 실	24 날 생
25 아홉 구	26 군사 군	27 가르칠 교	28 바깥 외
29 대답 답	30 번개 전	31 문 문	32 일만 만
33 어미 모	34 강 강	35 백성 민	36 긴 장
37 설 립	38 일곱 칠	39 평평할 평	40 효도 효
41 살 활	42 열 십	43 ①	44 ③
45 ②	46 ⑤	47 ⑦	48 ④
49 ①	50 ⑧	51 ⑥	52 ④
53 ⑨	54 ⑩	55 ①	56 ④
57 ③	58 ④	59 ④	60 ⑦

【제108회】 기출문제(73p~74p)

1 한국	2 외인	3 수문	4 효자
5 남동	6 도내	7 좌우	8 오전
9 농가	10 정직	11 공기	12 시간
13 교실	14 평안	15 만일	16 자력
17 오일	18 삼촌	19 장남	20 성명
21 여왕	22 후기	23 바다 해	24 움직일 동
25 저자 시	26 아닐 불	27 일곱 칠	28 아래 하
29 가운데 중	30 설 립	31 학교 교	32 여덟 팔
33 강 강	34 작을 소	35 일 사	36 백성 민
37 아홉 구	38 큰 대	39 달 월	40 아우 제
41 먼저 선	42 열 십	43 ②	44 ③
45 ⑩	46 ③	47 ⑥	48 ②
49 ⑨	50 ④	51 ⑤	52 ⑦
53 ⑨	54 ⑧	55 ③	56 ④
57 ①	58 ③	59 ⑤	60 ④

한자능력검정시험 7급Ⅱ 배정한자 (100자 쓰기)

→ 배정한자 100자를 반복하여 쓰면서 자연스럽게 익힐 수 있도록 하였습니다.

배정한자 쓰기

한자음 뒤에 나오는 ":"는 장음 표시입니다. "(:)"는 장단음 모두 사용되는 한자이며, ":"나 "(:)"이 없는 한자는 단음으로만 쓰입니다.

7급 Ⅱ

宀宀宀宁宇宇家家家

家 / 집 가
부수 : 宀(갓머리)
획수 : 총 10획

7급 Ⅱ

丨冂冂冃冃門門門門間間間

間 / 사이 간(:)
부수 : 門(문 문)
획수 : 총 12획

7급 Ⅱ

丶丶氵汀江江

江 / 강 강
부수 : 水(물 수)
획수 : 총 6획

배정한자(配定漢字) 쓰기

7급 II

一 厂 厅 市 百 亘 車

車
수레 거(차)
부수 : 車(수레 거)
획수 : 총 7획

7급 II

一 丁 工

工
장인 공
부수 : 工(장인 공)
획수 : 총 3획

7급 II

丶 宀 宀 宀 空 空 空 空

空
빌 공
부수 : 穴(구멍 혈)
획수 : 총 8획

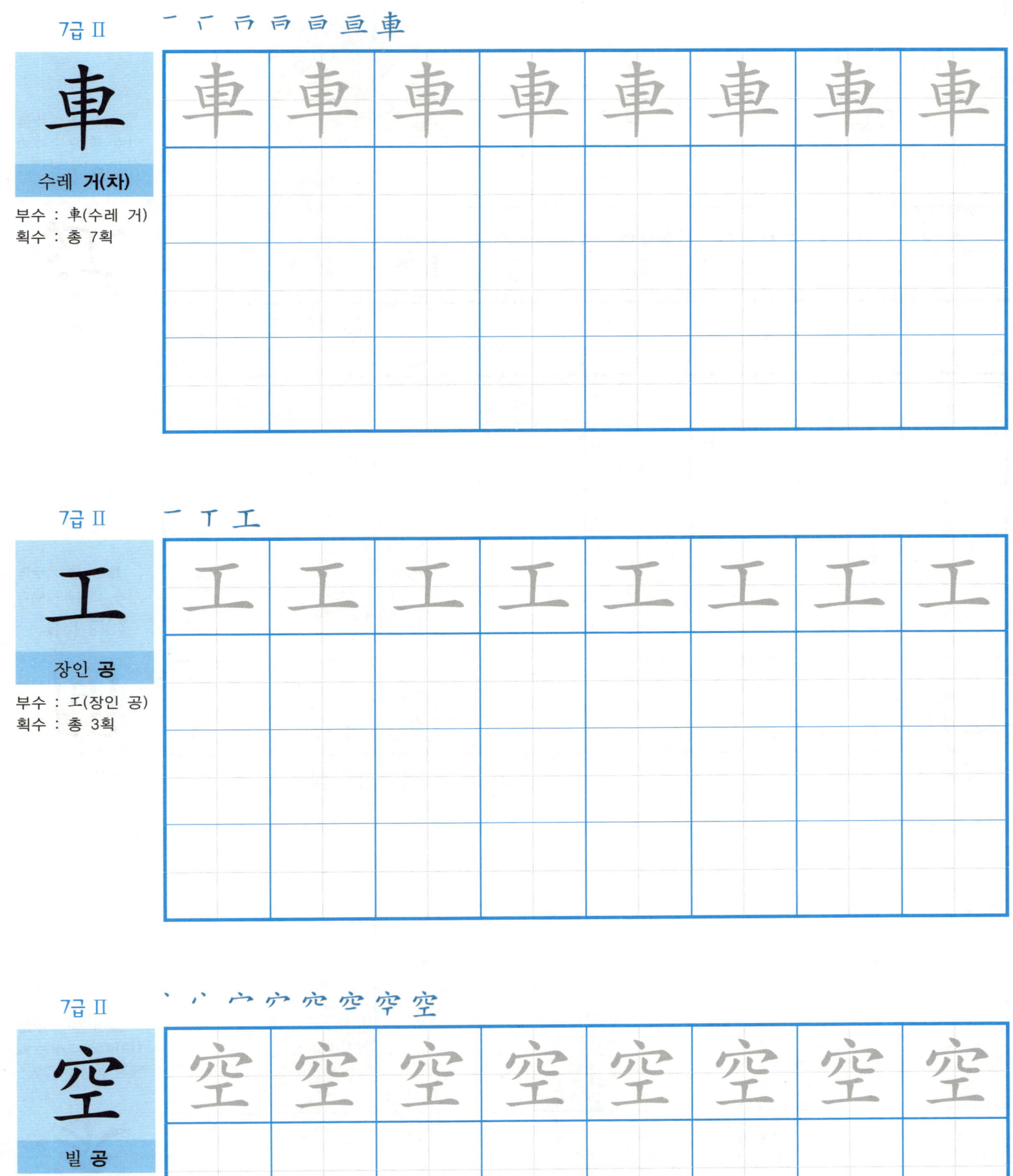

배정한자(配定漢字) 쓰기

8급 敎
가르칠 교:
부수 : 攵(攴)(등글월 문)
획수 : 총 11획

획순: ノ ㄨ ㅗ 쏯 孝 考 孝 考 教 教 教

8급 校
학교 교
부수 : 木(나무 목)
획수 : 총 10획

획순: 一 十 才 木 朴 栌 栌 栌 校 校

8급 九
아홉 구
부수 : 乙(새 을)
획수 : 총 2획

획순: ノ 九

배정한자(配定漢字) 쓰기

8급

丨 冂 冂 冃 同 同 同 國 國 國 國

國

나라 **국**

부수 : 囗(큰입 구)
획수 : 총 11획

8급

丨 冖 冖 冖 宣 冒 宣 軍

軍

군사 **군**

부수 : 車(수레 거)
획수 : 총 9획

7급Ⅱ

丿 厂 气 气 气 气 氧 氣 氣 氣

氣

기운 **기**

부수 : 气(기운 기)
획수 : 총 10획

배정한자(配定漢字) 쓰기

7급 II

記

丶 亠 亍 言 言 言 記 記 記

기록할 기

부수 : 言(말씀 언)
획수 : 총 10획

8급

金

ノ 人 入 今 全 全 金 金

쇠 금 / 성 김

부수 : 金(쇠 금)
획수 : 총 8획

8급

南

一 十 冂 冂 冉 冉 南 南 南

남녘 남

부수 : 十(열 십)
획수 : 총 9획

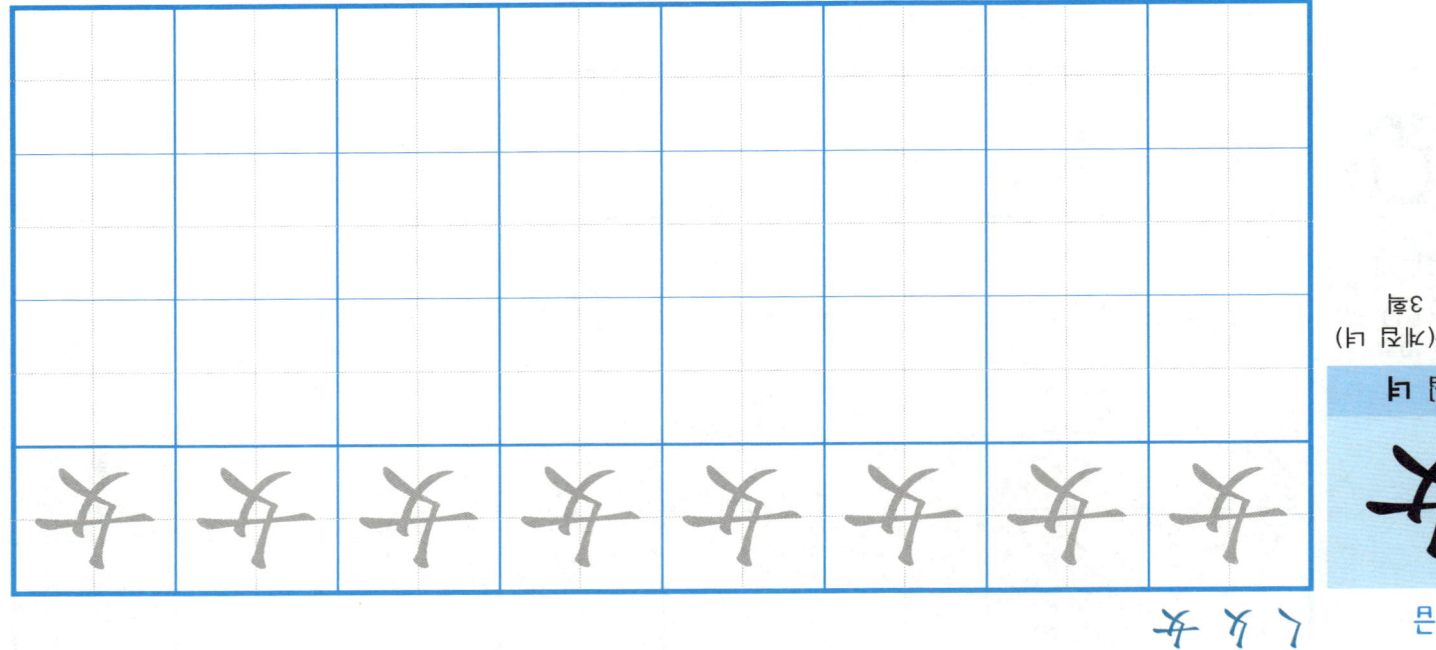

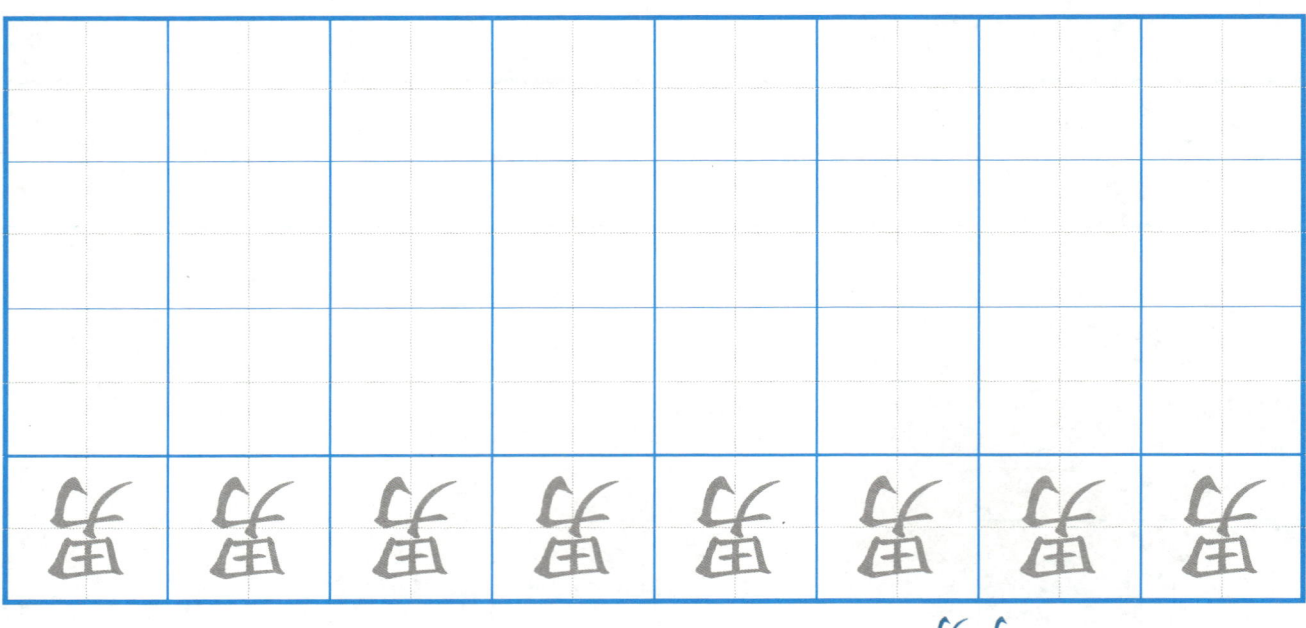

배정한자(配定漢字) 쓰기

8급

年
해 년

부수 : 干(방패 간)
획수 : 총 6획

ノ ヒ ヒ ヒ 乍 年

年	年	年	年	年	年	年	年

7급 II

農
농사 농

부수 : 辰(별 진)
획수 : 총 13획

丨 冂 曰 甴 曲 曲 曲 芦 芦 芦 農 農 農

農	農	農	農	農	農	農	農

7급 II

答
대답 답

부수 : 竹(대 죽)
획수 : 총 12획

ノ ト 노 섯 竹 竹 竺 竺 答 答 答 答

答	答	答	答	答	答	答	答

배정한자(配定漢字) 쓰기

8급 一 ナ 大

大
큰 대(:)

부수 : 大(큰 대)
획수 : 총 3획

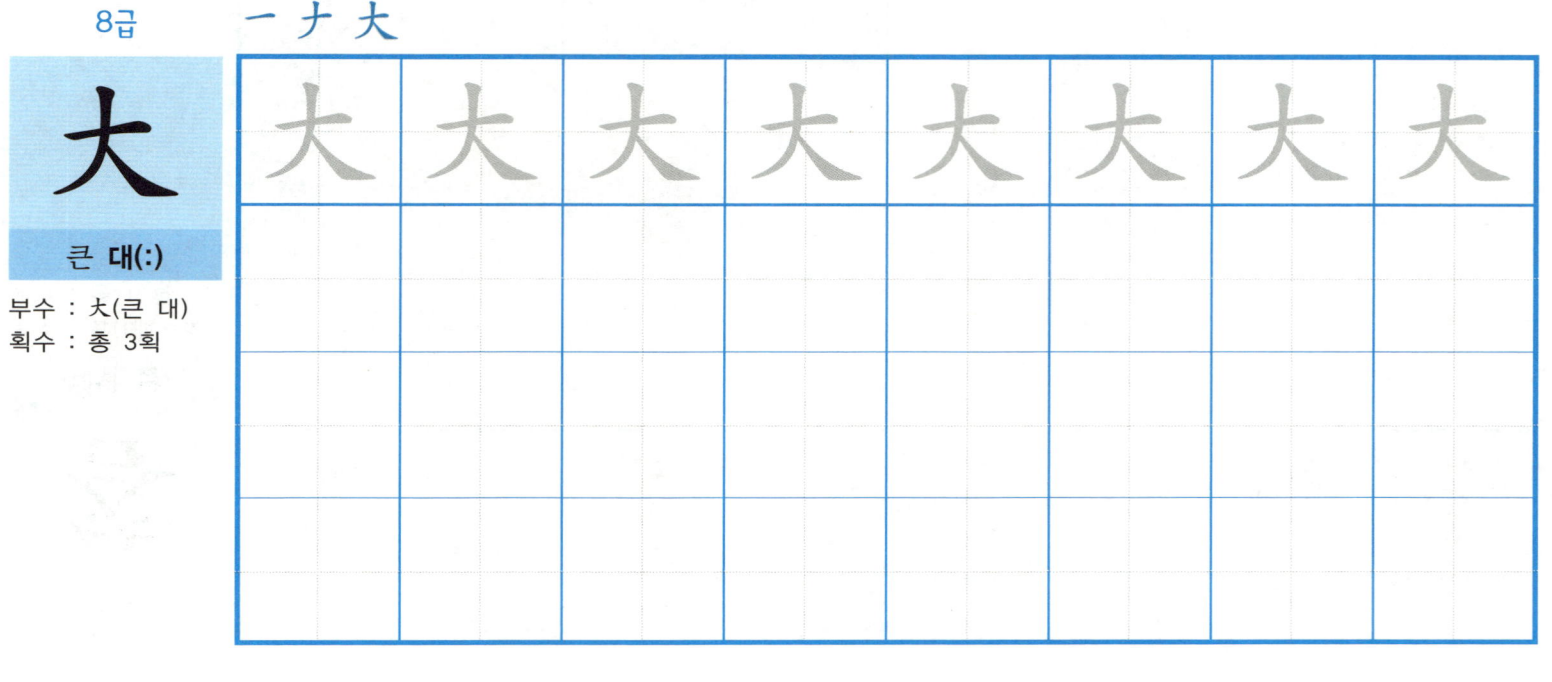

7급 II 丶 丷 䒑 芐 产 首 首 首 首 首 道 道 道

道
길 도

부수 : 辶(책받침)
획수 : 총 13획

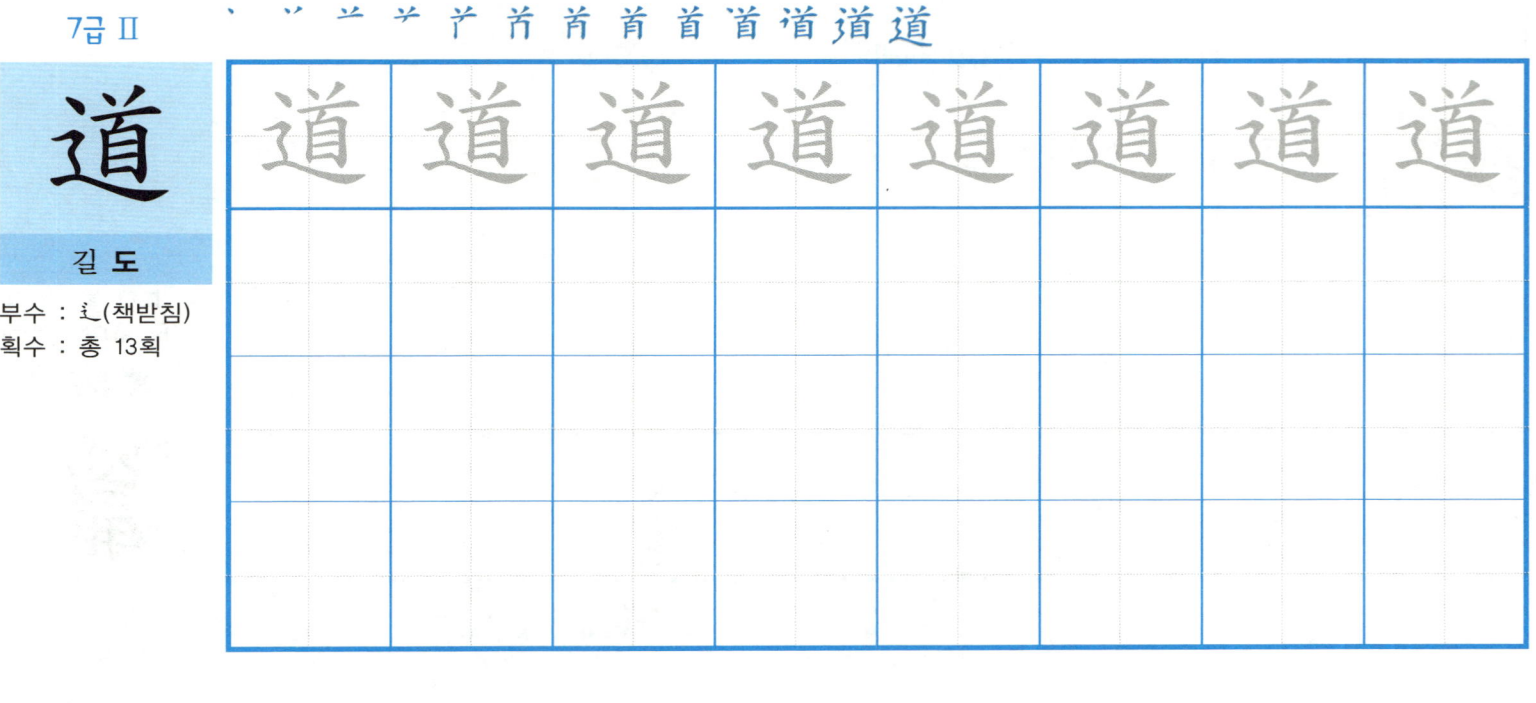

7급 II 一 二 午 午 台 台 盲 重 重 動 動

動
움직일 동:

부수 : 力(힘 력)
획수 : 총 11획

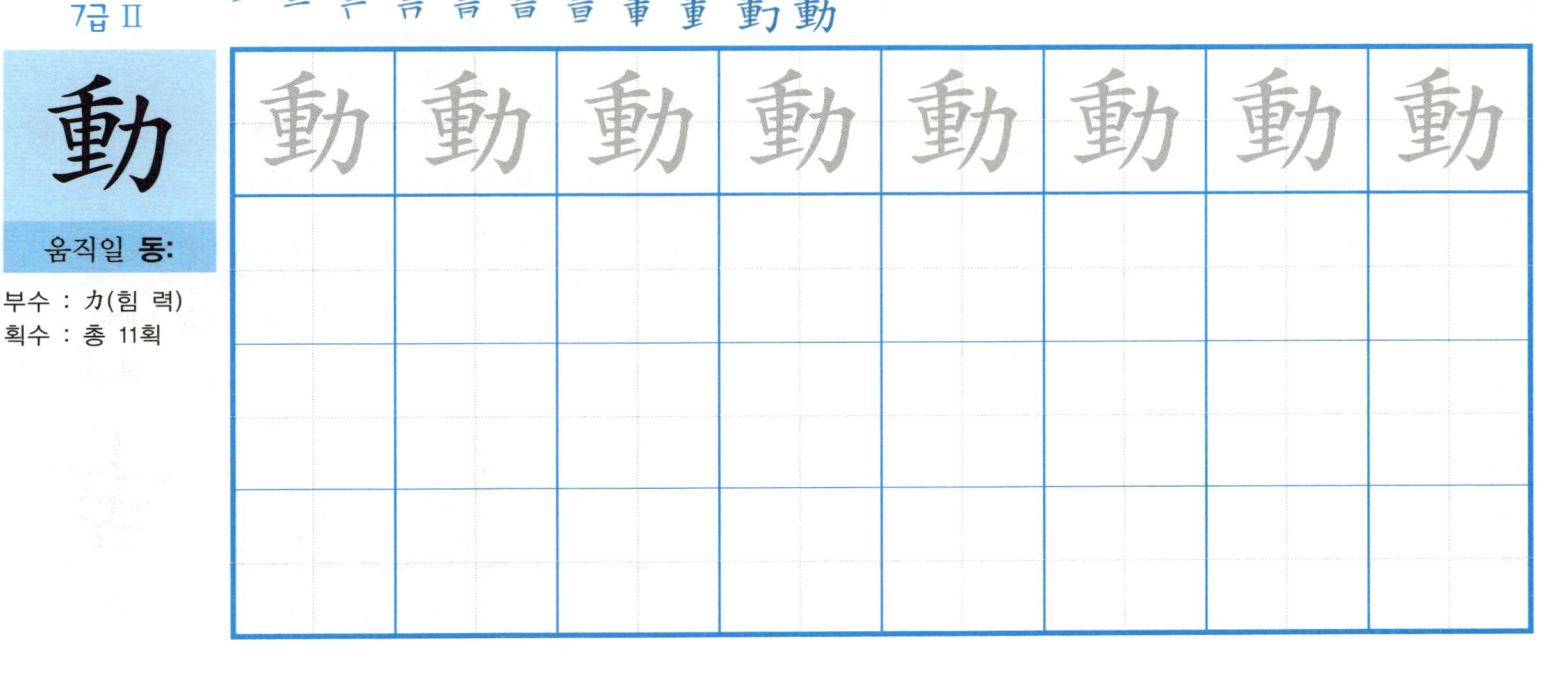

배정한자(配定漢字) 쓰기

8급 一 ㄱ ㅠ 冂 百 車 束 東

동녘 **동**

부수 : 木(나무 목)
획수 : 총 8획

7급 Ⅱ ㄱ 力

힘 **력**

부수 : 力(힘 력)
획수 : 총 2획

8급 丶 一 六 六

여섯 **륙**

부수 : 八(여덟 팔)
획수 : 총 4획

배정한자(配定漢字) 쓰기

7급 Ⅱ ` 一 一 亠 立

立
설 립

부수 : 立(설 립)
획수 : 총 5획

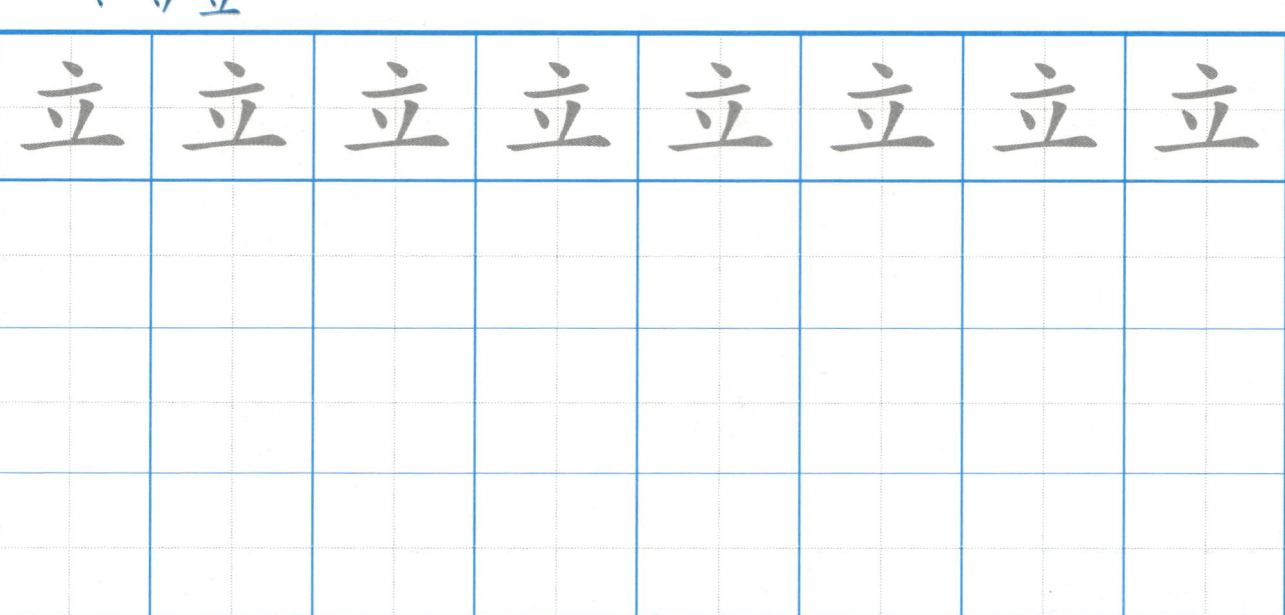

8급 一 十 十 艹 艹 芀 芦 芦 芦 萬 萬 萬 萬

萬
일만 만:

부수 : ⺿(州)(초 두)
획수 : 총 13획

7급 Ⅱ ノ ケ 仁 与 每 每 每

每
매양 매(:)

부수 : 毋(말 무)
획수 : 총 7획

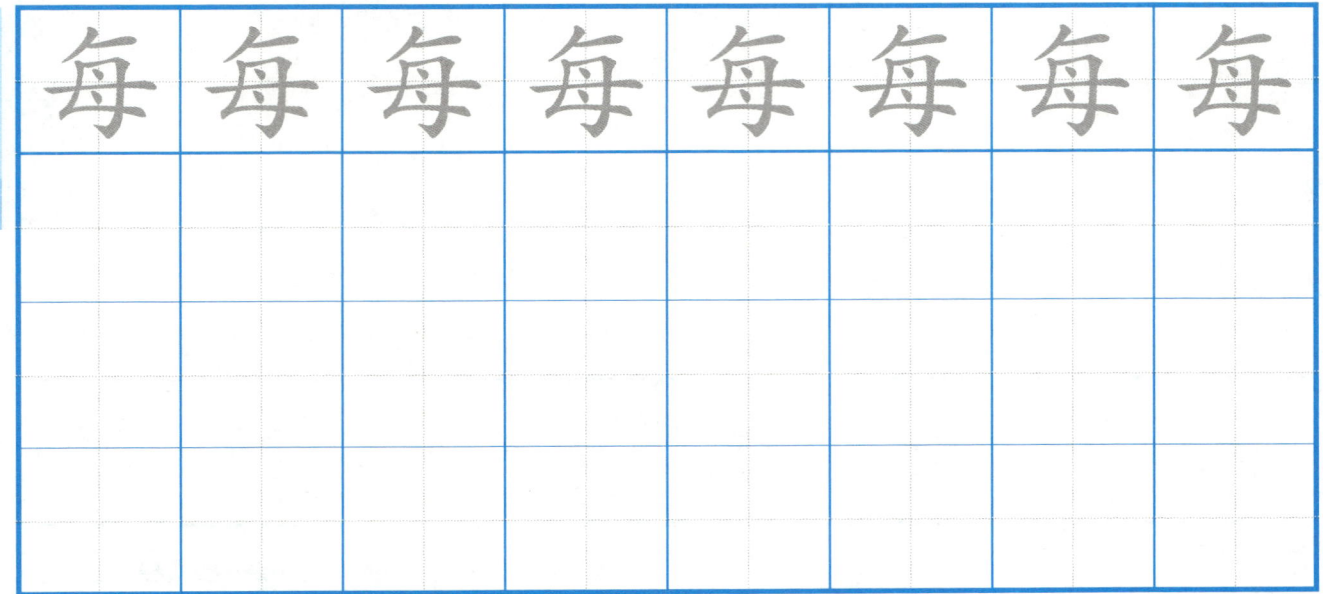

배정한자(配定漢字) 쓰기

7급 II ノクタタ名名

이름 명

부수 : 口(입 구)
획수 : 총 6획

8급 ㄴ 뮤 묘 母 母

어미 모:

부수 : 毋(말 무)
획수 : 총 5획

8급 一 十 才 木

나무 목

부수 : 木(나무 목)
획수 : 총 4획

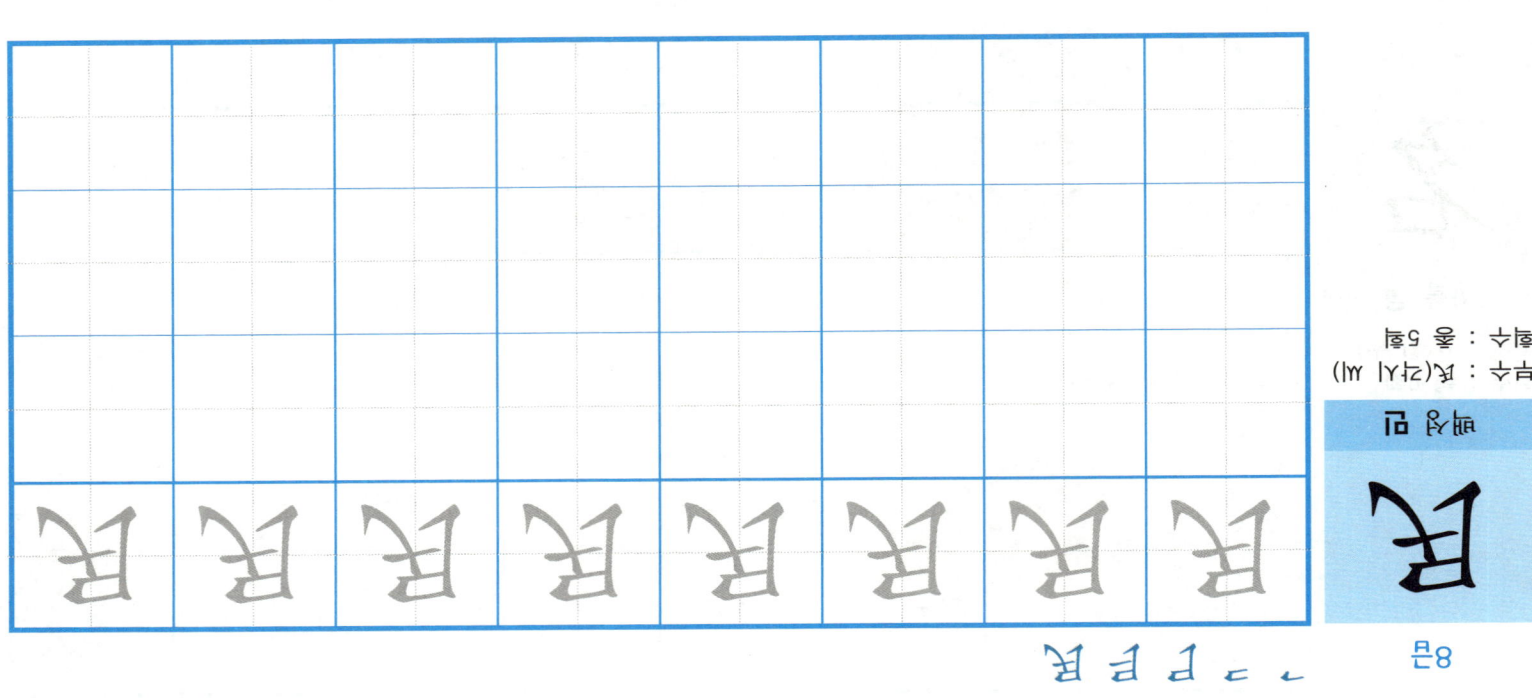

배정한자(配定漢字) 쓰기

7급 II 方 모 방
`丶 一 亍 方`
부수 : 方(모 방)
획수 : 총 4획

8급 白 흰 백
`丿 亻 白 白 白`
부수 : 白(흰 백)
획수 : 총 5획

7급 II 不 아닐 불
`一 丆 オ 不`
부수 : 一(한 일)
획수 : 총 4획

배정한자(配定漢字) 쓰기

8급

ノ ハ グ 父

父
아비 부
부수 : 父(아비 부)
획수 : 총 4획

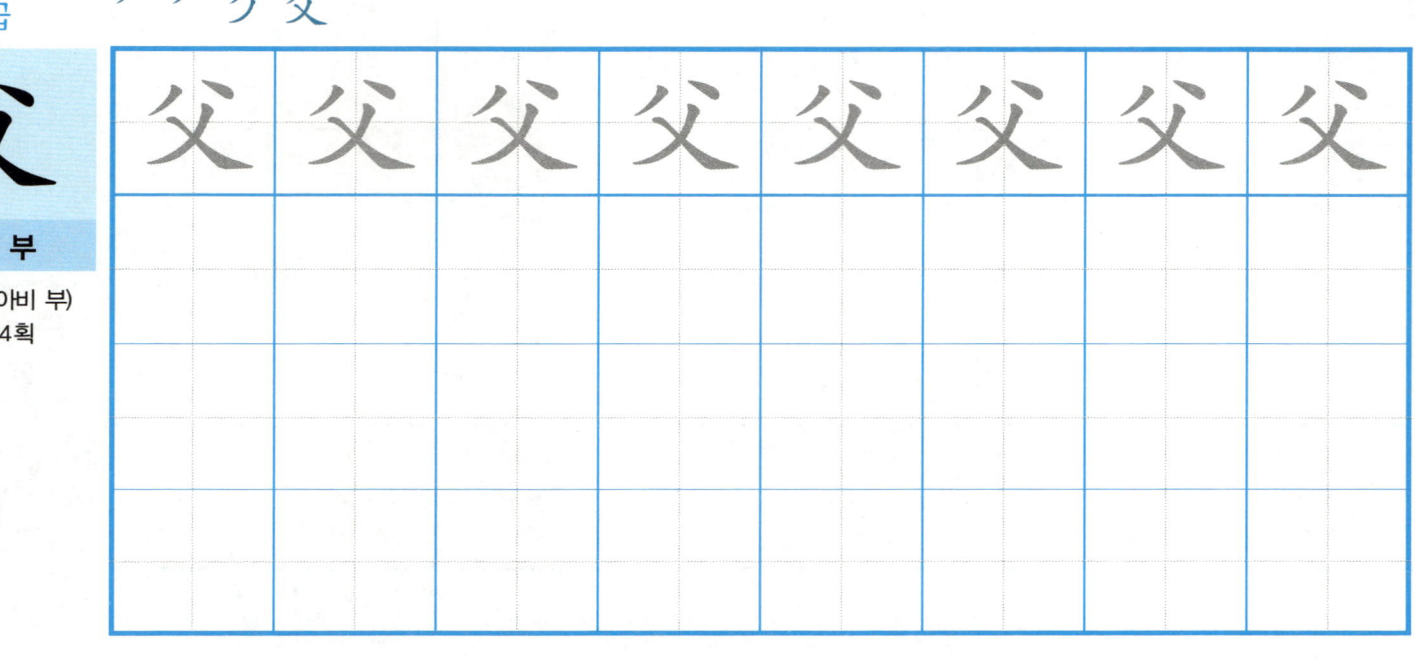

8급

ⅰ ⅰ ㅓ ㅓ 北

北
북녘 북/달아날 배:
부수 : 匕(비수 비)
획수 : 총 5획

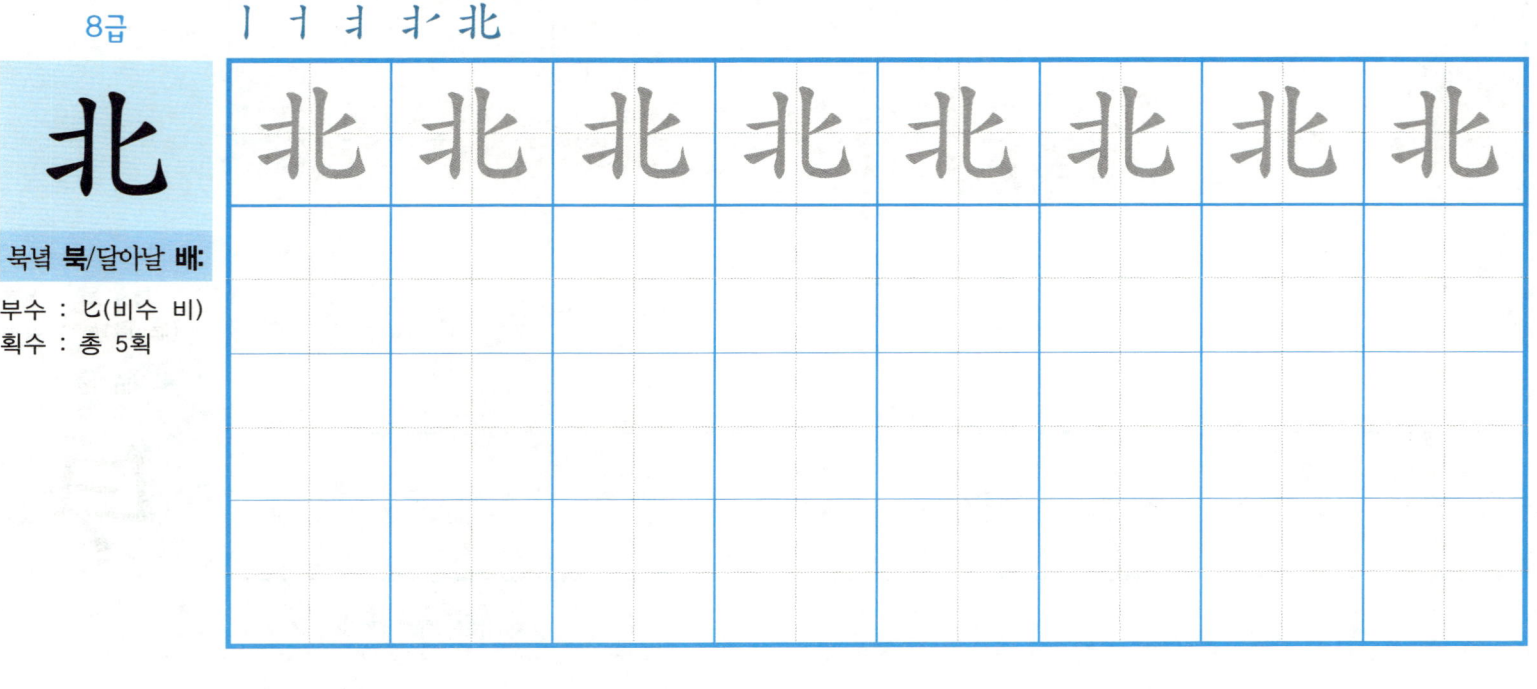

7급Ⅱ

一 一 戸 百 耳 写 写 事

事
일 사:
부수 : 亅(갈고리 궐)
획수 : 총 8획

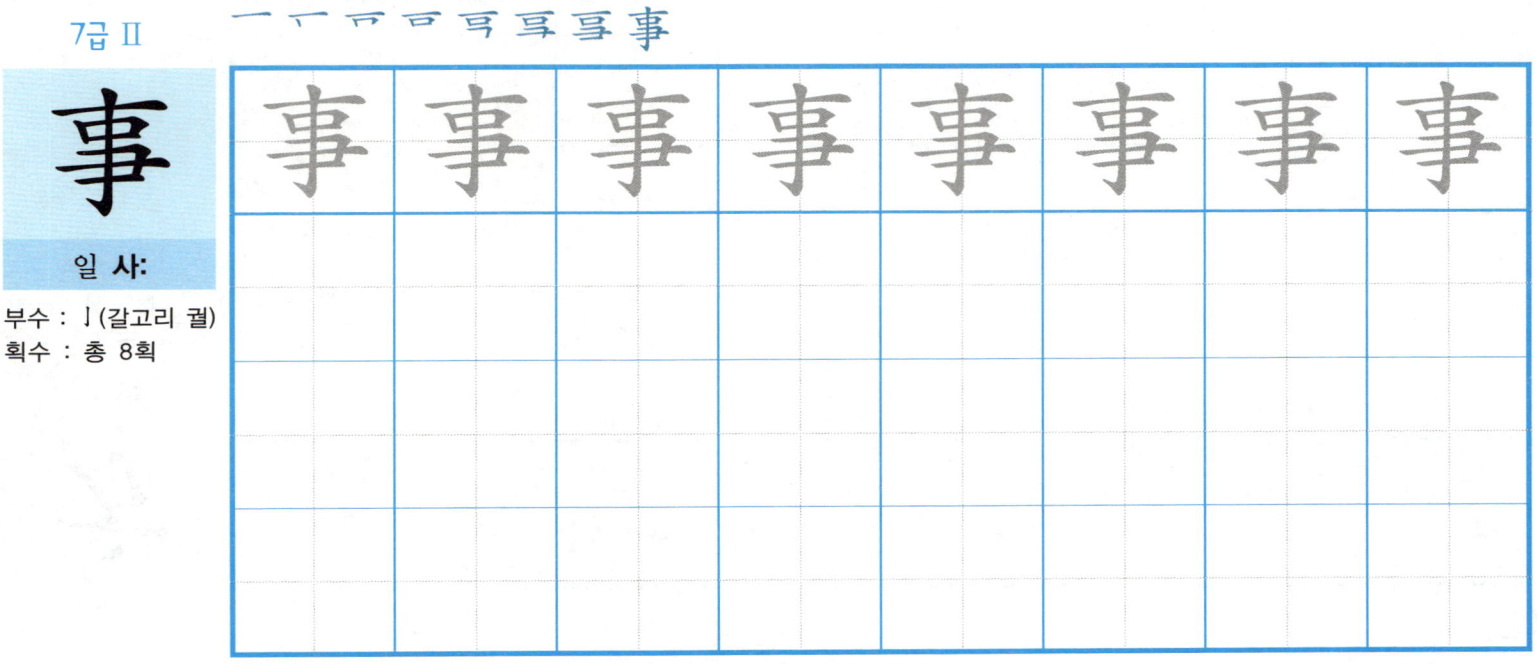

배정한자(配定漢字) 쓰기

8급

丨 冂 冂 四 四

四 四 四 四 四 四 四 四

四
넉 사:

부수 : 囗(큰입 구)
획수 : 총 5획

8급

丨 凵 山

山 山 山 山 山 山 山 山

山
메 산

부수 : 山(메 산)
획수 : 총 3획

8급

一 二 三

三 三 三 三 三 三 三 三

三
석 삼

부수 : 一(한 일)
획수 : 총 3획

배정한자(配定漢字) 쓰기

7급 II ｜ ㅏ 上

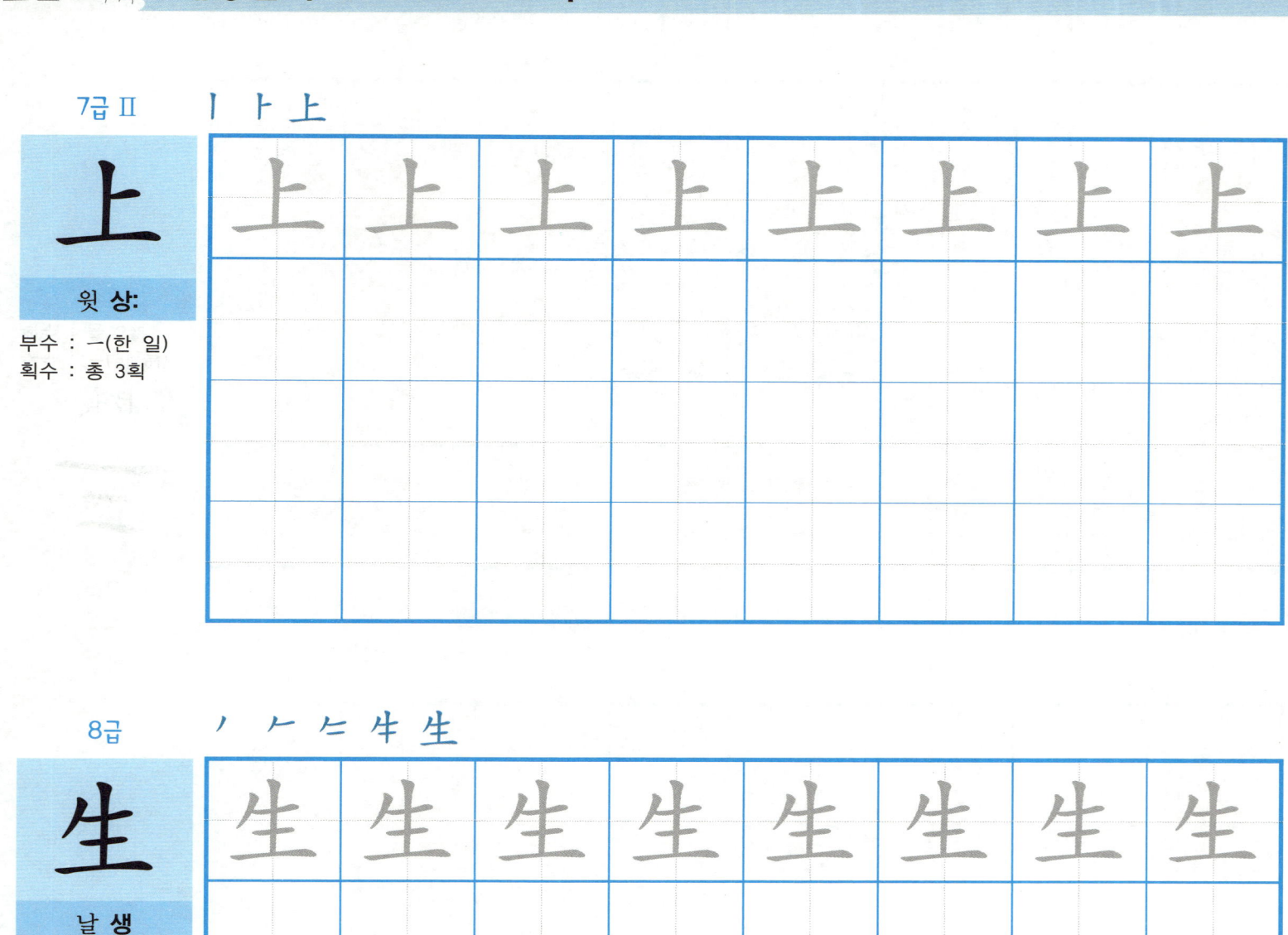

上
윗 상:
부수 : 一(한 일)
획수 : 총 3획

8급 ノ ㅏ ㅏ 牛 生

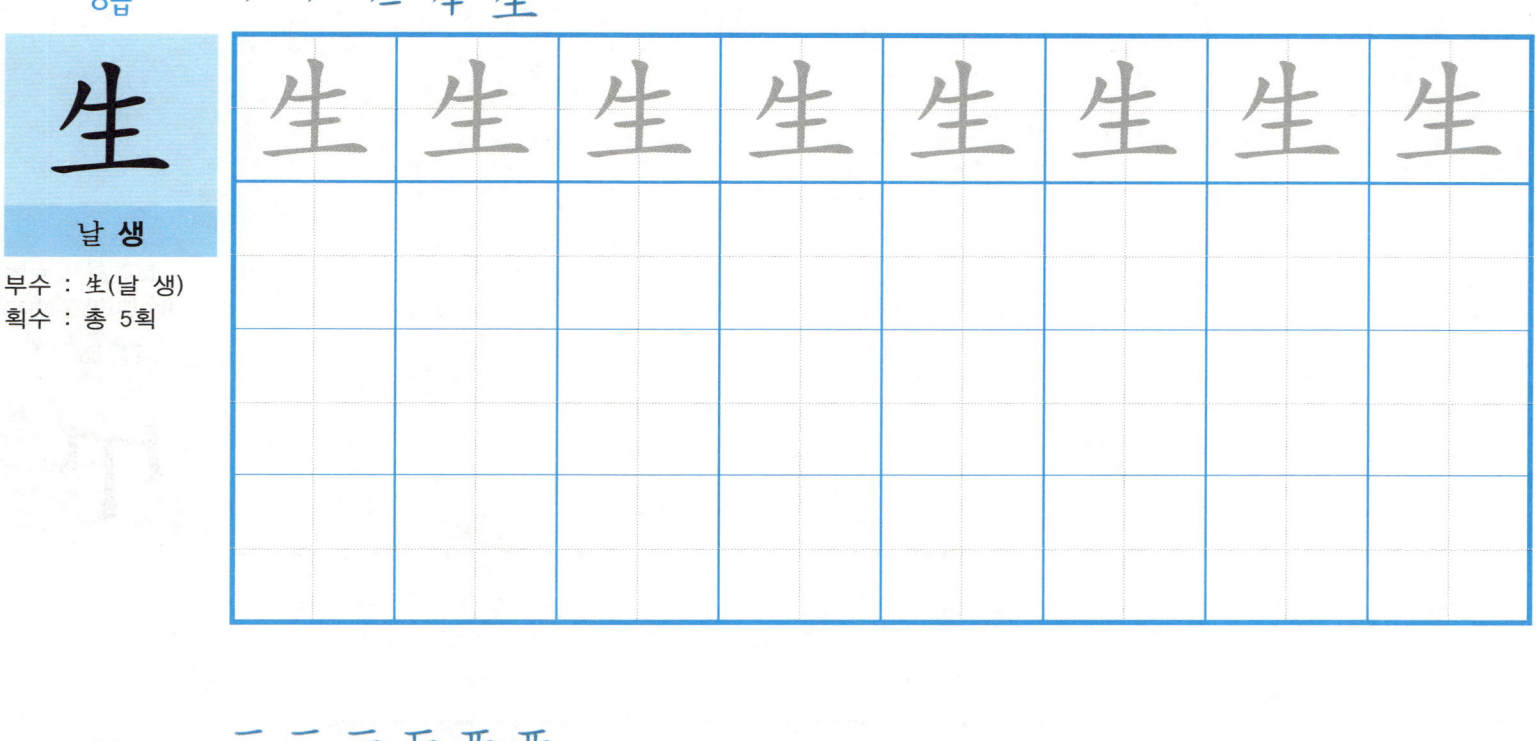

生
날 생
부수 : 生(날 생)
획수 : 총 5획

8급 一 ㄒ 币 丙 西 西

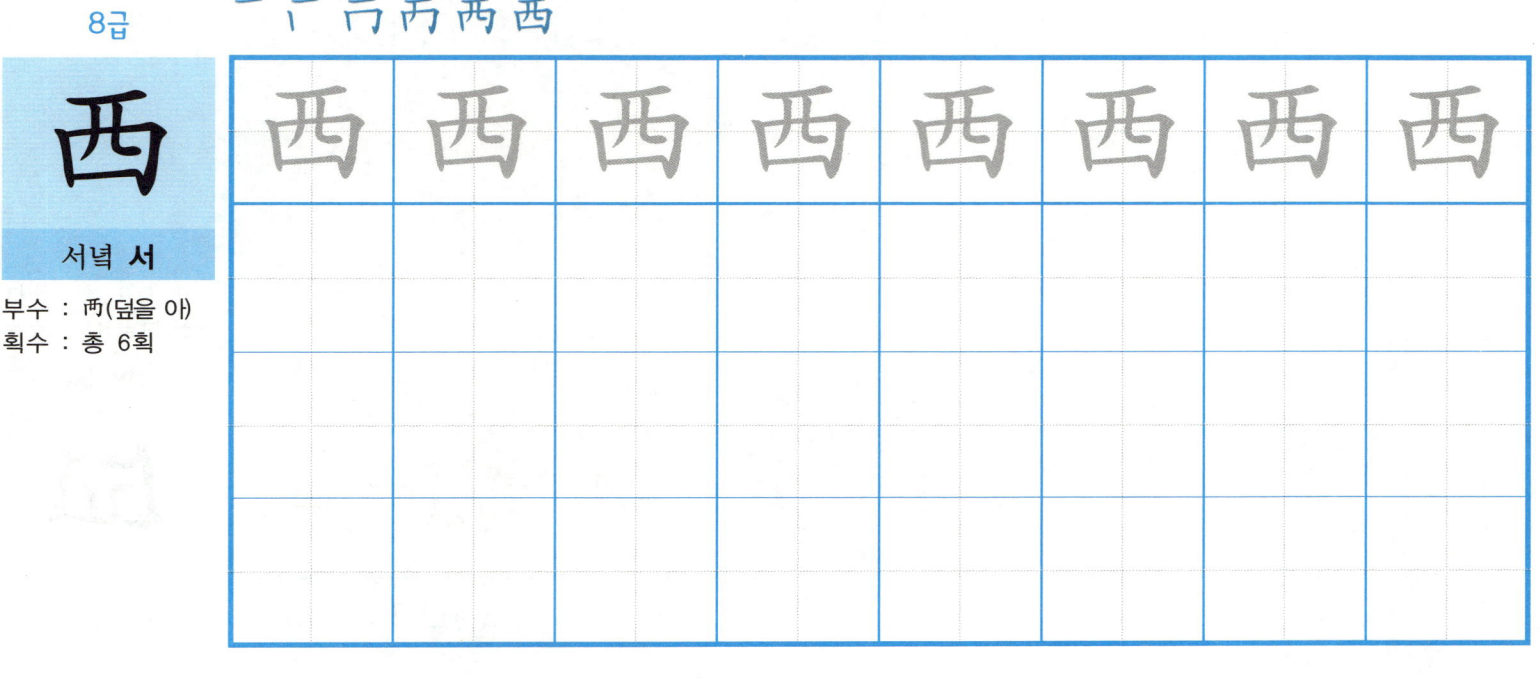

西
서녘 서
부수 : 襾(덮을 아)
획수 : 총 6획

배정한자(配定漢字) 쓰기

8급　丿 ㄣ 屮 生 先 先

先
먼저 선

부수 : 儿(어진사람 인)
획수 : 총 6획

7급 II　く 夕 女 女 女＝ 姓 姓

姓
성 성:

부수 : 女(계집 녀)
획수 : 총 8획

7급 II　一 十 卄 卅 世

世
인간 세:

부수 : 一(한 일)
획수 : 총 5획

8급

小

작을 소:

부수 : 小(작을 소)
획수 : 총 3획

亅 小 小

小	小	小	小	小	小	小	小

7급 II

手

손 수(:)

부수 : 手(손 수)
획수 : 총 4획

一 二 三 手

手	手	手	手	手	手	手	手

8급

水

물 수

부수 : 水(물 수)
획수 : 총 4획

亅 才 水 水

水	水	水	水	水	水	水	水

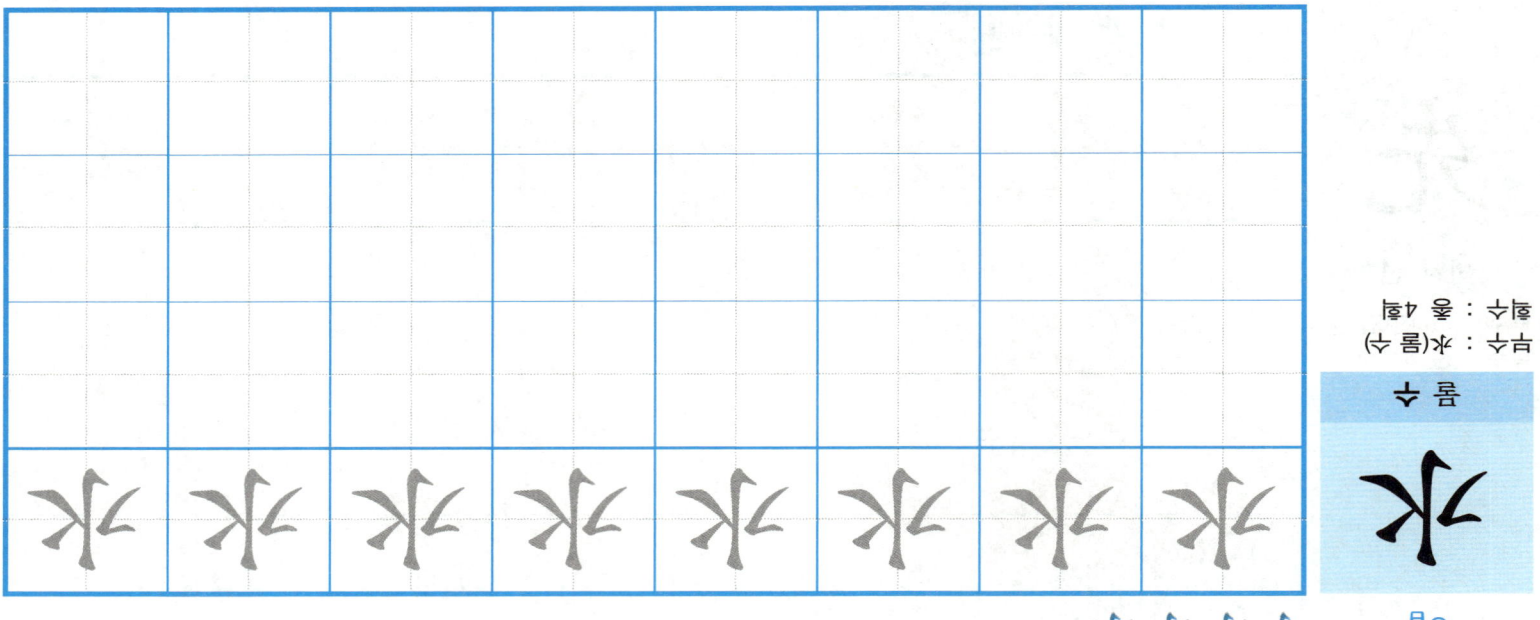

배정한자(配定漢字) 쓰기

7급 II

저자 시(:)

부수 : 巾(수건 건)
획수 : 총 5획

丶 一 广 方 市

市 市 市 市 市 市 市 市

7급 II

時

때 시

부수 : 日(날 일)
획수 : 총 10획

丨 冂 日 日 旷 旷 旷 昨 時 時

時 時 時 時 時 時 時 時

7급 II

밥/먹을 식

부수 : 食(밥 식)
획수 : 총 9획

丿 𠆢 人 今 今 含 食 食 食

食 食 食 食 食 食 食 食

배정한자(配定漢字) 쓰기

8급

` ` `宀` `宀` `宀` `宓` `宓` `室` `室` `室`

室
집 실
부수 : 宀(갓머리)
획수 : 총 9획

室	室	室	室	室	室	室	室

8급

`一` `十`

十
열 십
부수 : 十(열 십)
획수 : 총 2획

十	十	十	十	十	十	十	十

7급 Ⅱ

` ` `宀` `宀` `宁` `安` `安`

安
편안 안
부수 : 宀(갓머리)
획수 : 총 6획

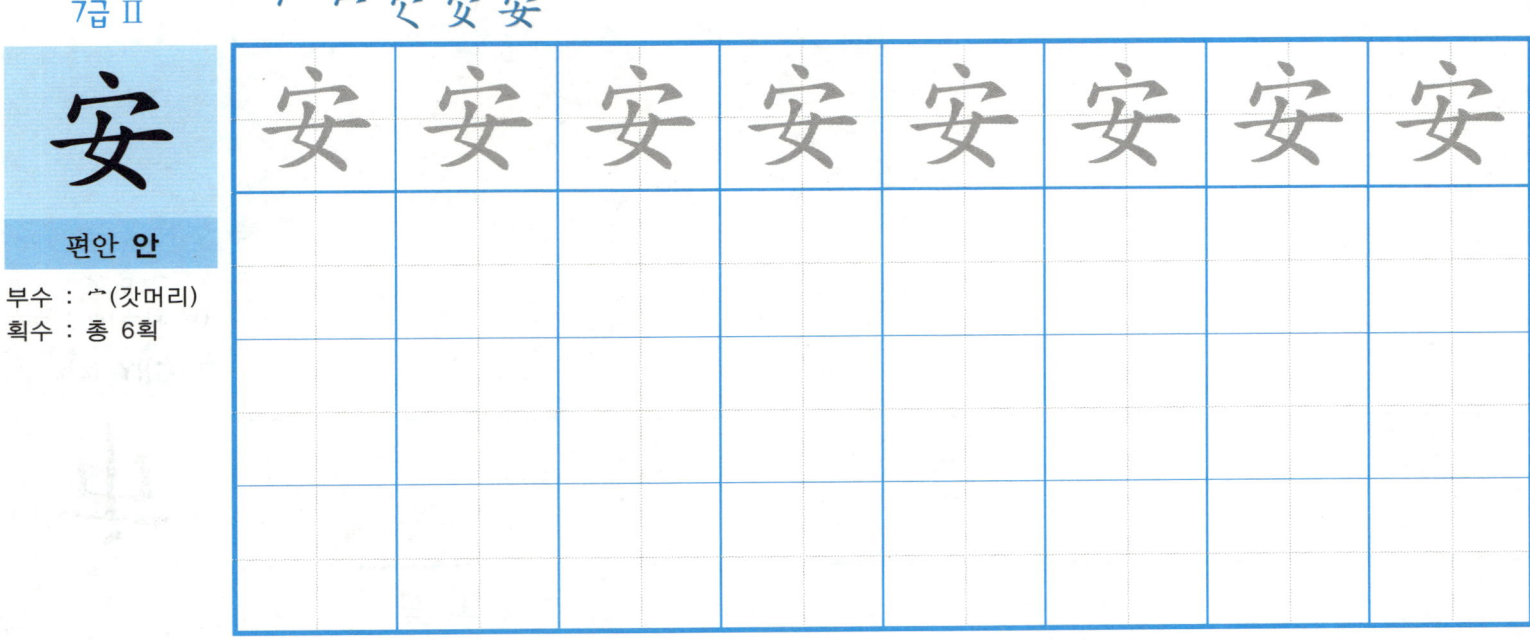

安	安	安	安	安	安	安	安

배정한자(配定漢字) 쓰기

8급 一 丆 五 五

五
다섯 오:
부수 : 二(두 이)
획수 : 총 4획

7급 II ノ ⺊ ㇇ 午

午
낮 오:
부수 : 十(열 십)
획수 : 총 4획

8급 一 二 千 王

王
임금 왕
부수 : 王(임금 왕)
획수 : 총 4획

배정한자(配定漢字) 쓰기

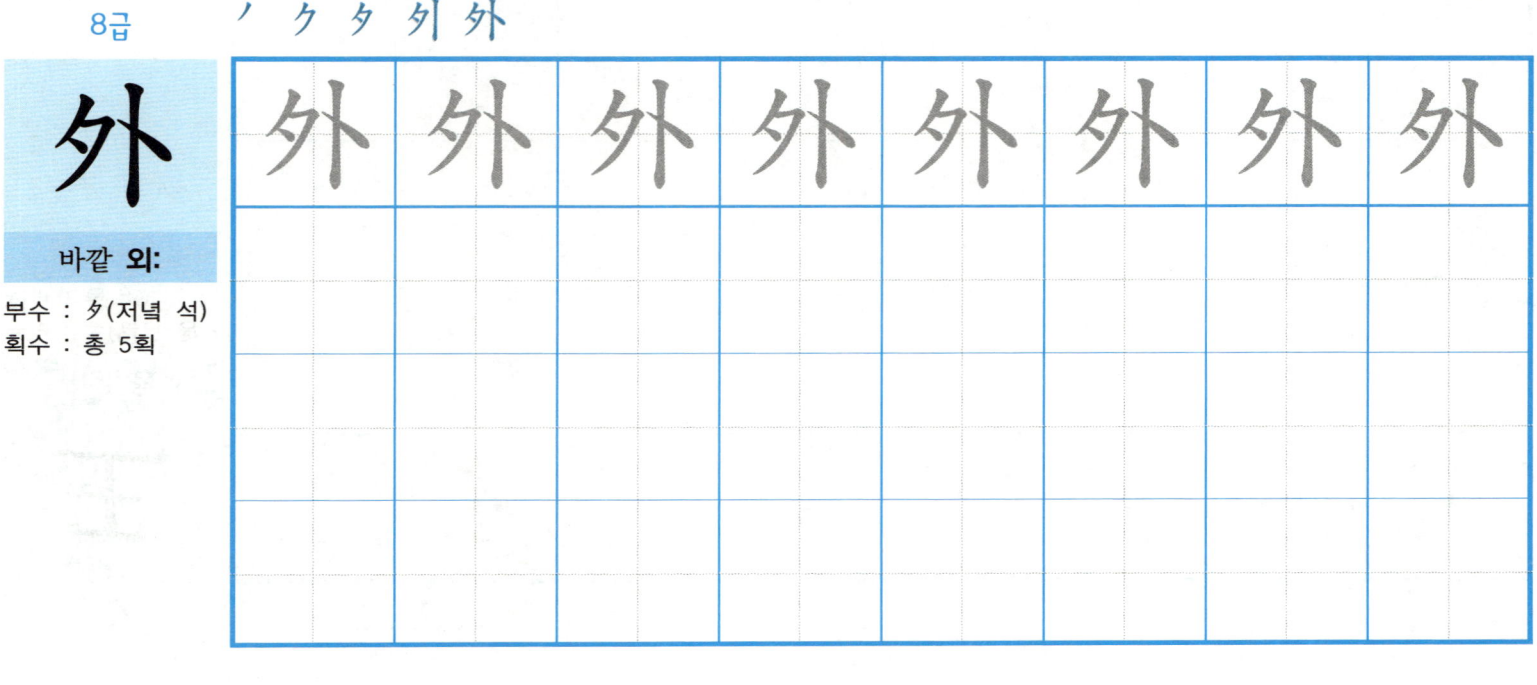

8급

外

바깥 외:

부수 : 夕(저녁 석)
획수 : 총 5획

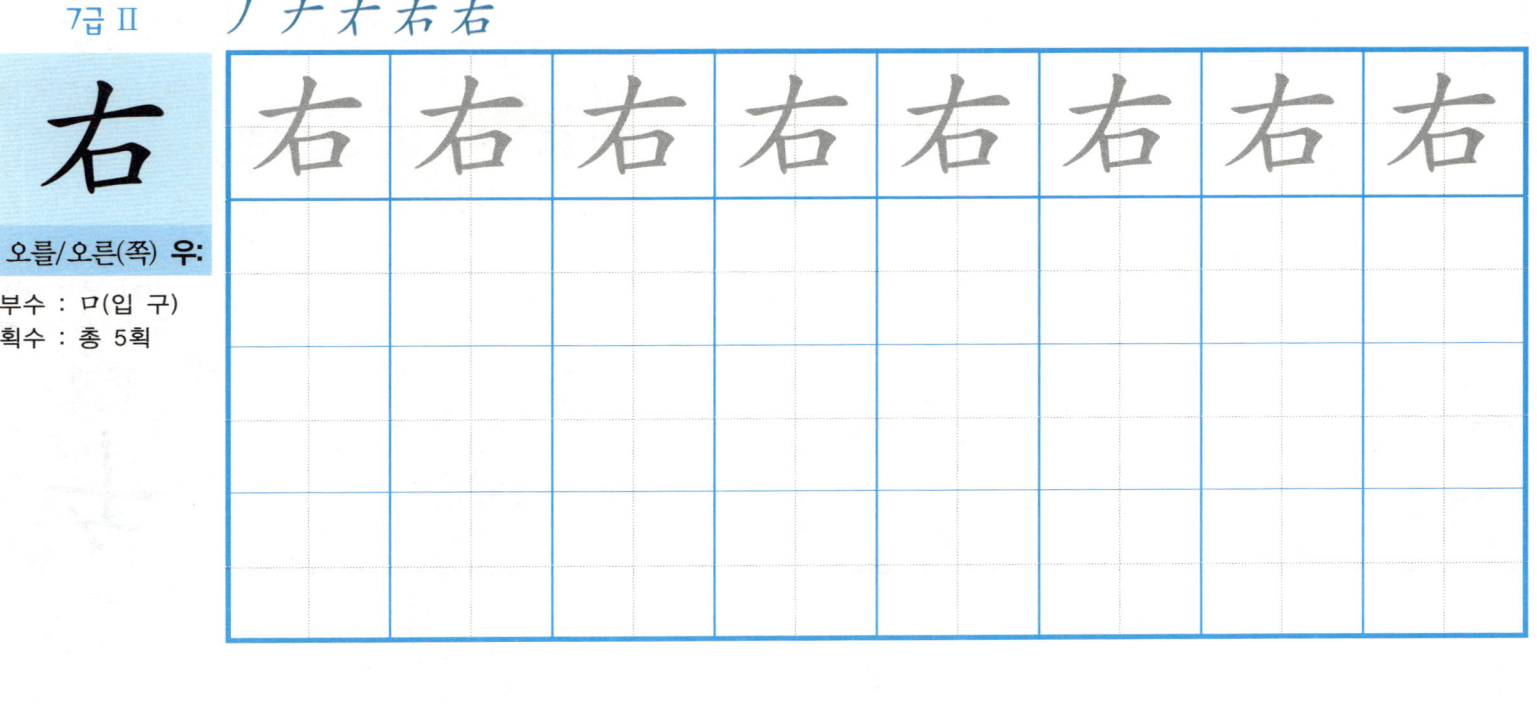

7급 II

右

오를/오른(쪽) 우:

부수 : 口(입 구)
획수 : 총 5획

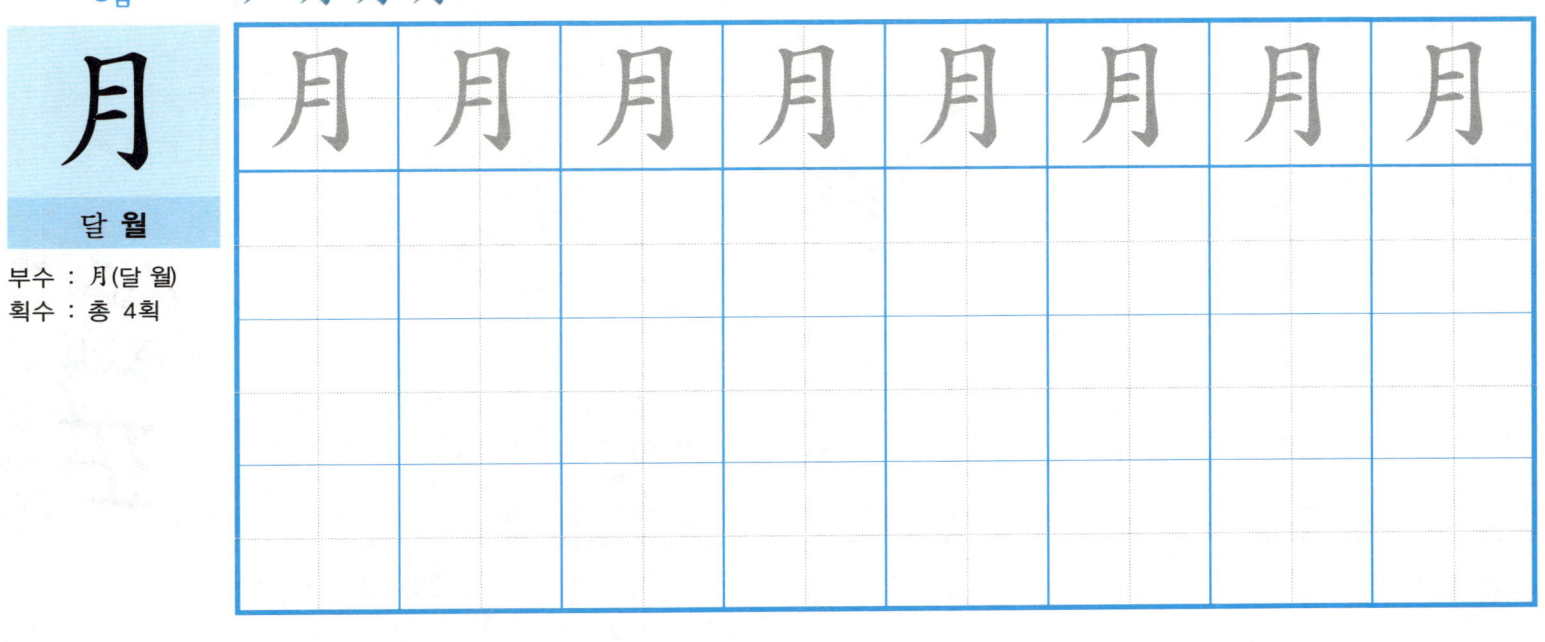

8급

月

달 월

부수 : 月(달 월)
획수 : 총 4획

배정한자(配定漢字) 쓰기

8급 ー 二

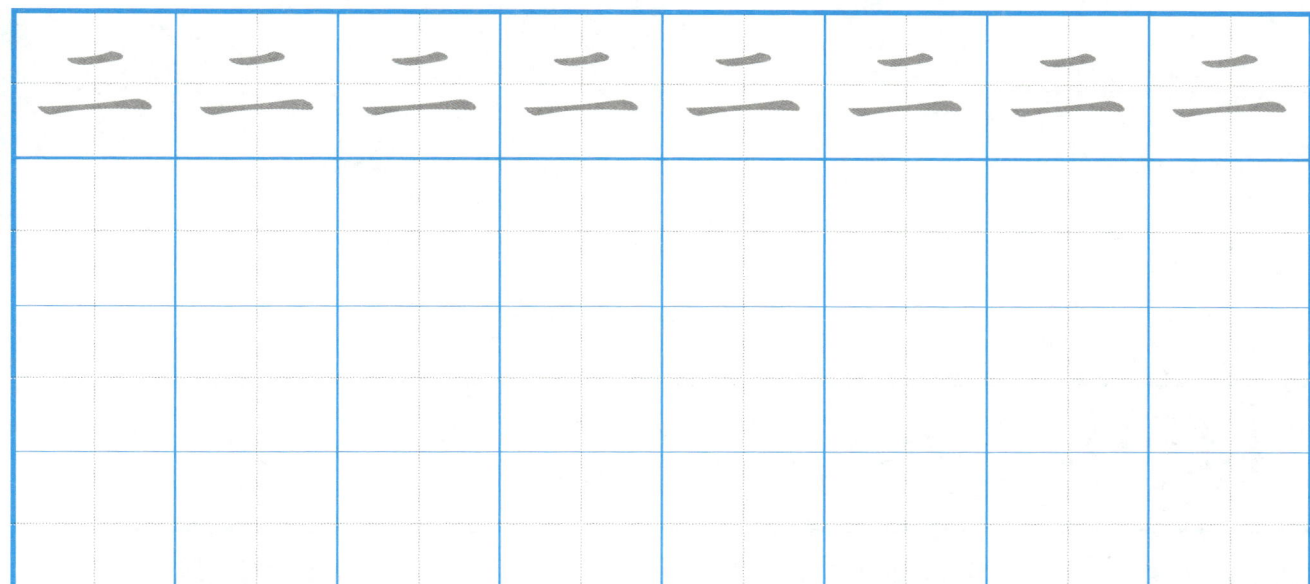

두 이:

부수 : 二(두 이)
획수 : 총 2획

8급 ノ 人

사람 인

부수 : 人(사람 인)
획수 : 총 2획

8급 丨 冂 日 日

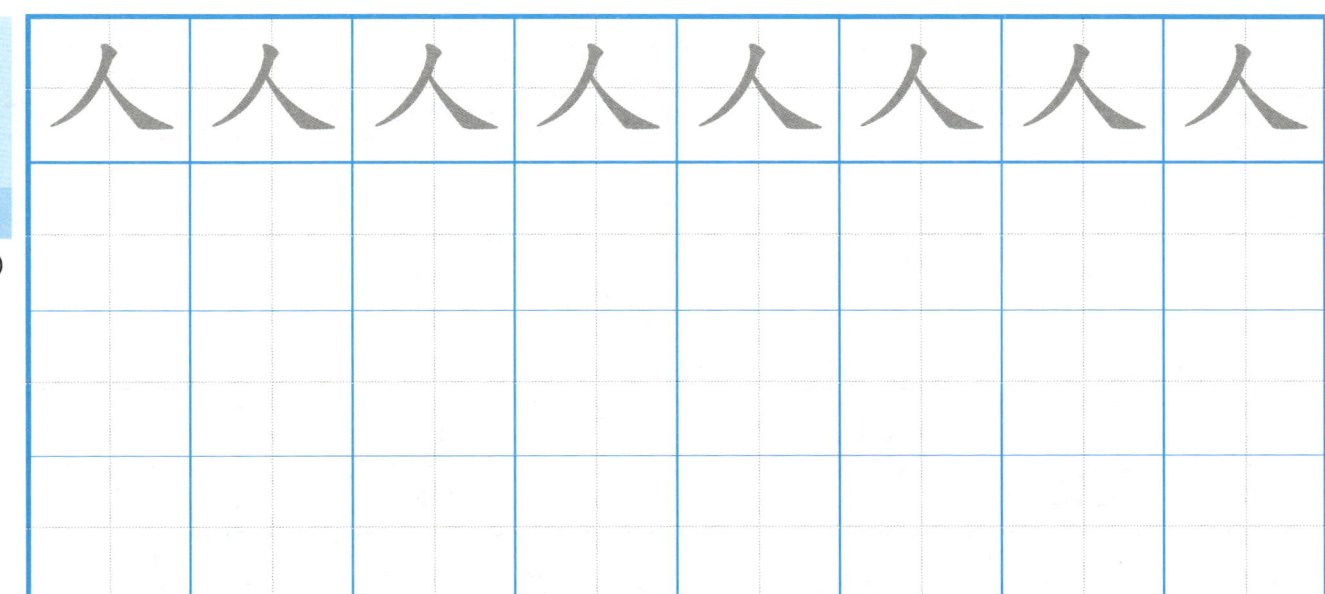

날 일

부수 : 日(날 일)
획수 : 총 4획

배정한자(配定漢字) 쓰기

8급 一

一

한 일

부수 : 一(한 일)
획수 : 총 1획

7급Ⅱ ㄱ 了 子

子

아들 자

부수 : 子(아들 자)
획수 : 총 3획

7급Ⅱ ′ ⺊ ⺄ ⺆ 自 自

自

스스로 자

부수 : 自(스스로 자)
획수 : 총 6획

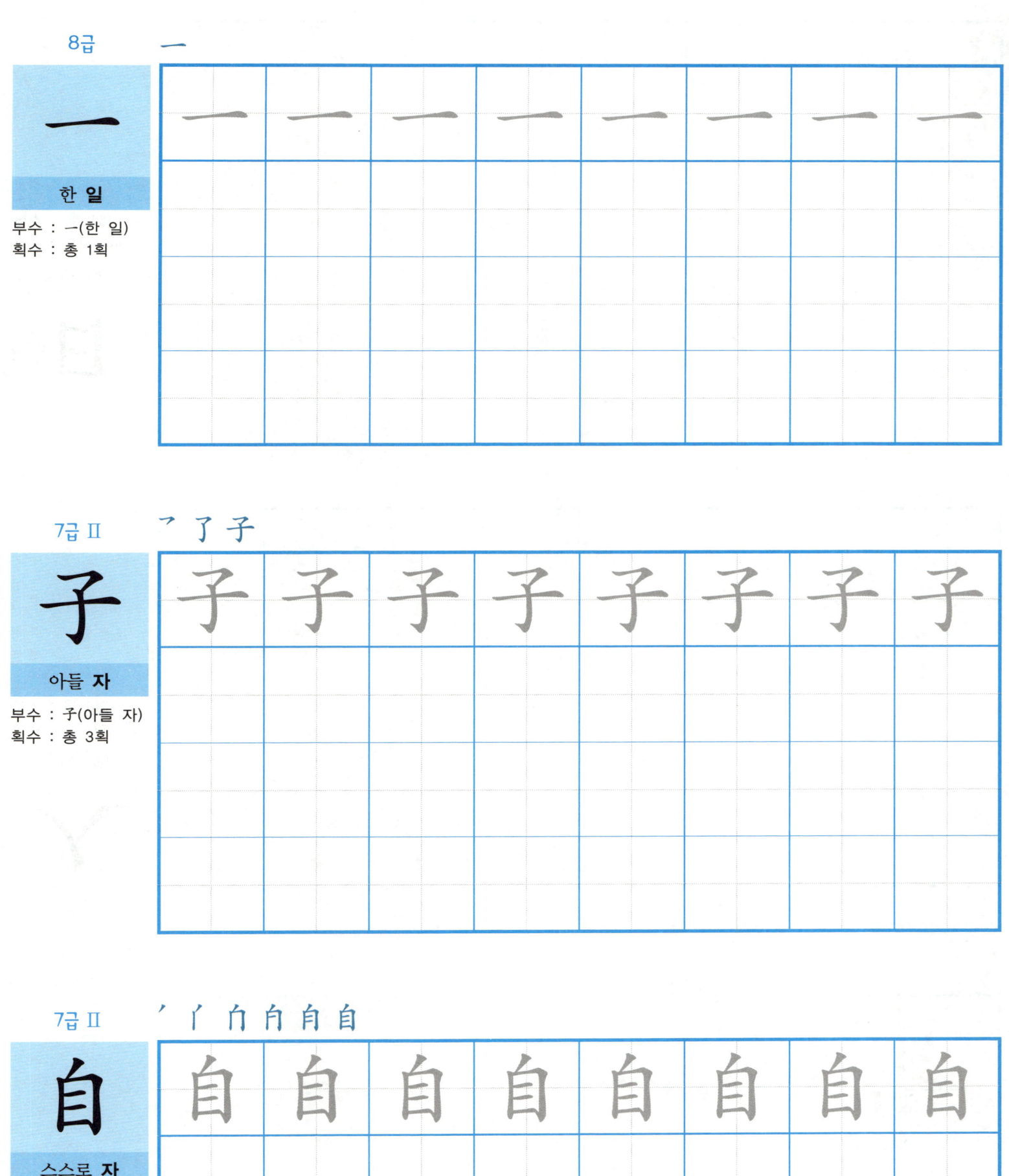

배정한자(配定漢字) 쓰기

7급 II

場

마당 장

부수 : 土(흙 토)
획수 : 총 12획

一 十 土 土' 圹 坍 坍 坍 坦 塌 場 場 場

8급

長

긴 장(:)

부수 : 長(긴 장)
획수 : 총 8획

一 丆 F F 토 탇 長 長

7급 II

全

온전 전

부수 : 入(들 입)
획수 : 총 6획

丿 入 소 仝 수 全

배정한자(配定漢字) 쓰기

7급 II

前
앞 전

부수 : 刀(칼 도)
획수 : 총 9획

` ` ` ` ` ` 前 前 前 前

7급 II

電
번개 전:

부수 : 雨(비 우)
획수 : 총 13획

` ` ` ` 雨 雨 雨 雷 雷 雷 雷 電

7급 II

正
바를 정(:)

부수 : 止(그칠 지)
획수 : 총 5획

` T 下 正 正

배정한자(配定漢字) 쓰기

8급 ｀ ｀ ｀ ｀ ｀ 弟 弟

아우 제:

부수 : 弓(활 궁)
획수 : 총 7획

7급 Ⅱ ｀ 口 口 모 모 足 足

발 족

부수 : 足(발 족)
획수 : 총 7획

7급 Ⅱ 一 ナ 冫 左 左

왼 좌:

부수 : 工(장인 공)
획수 : 총 5획

배정한자(配定漢字) 쓰기

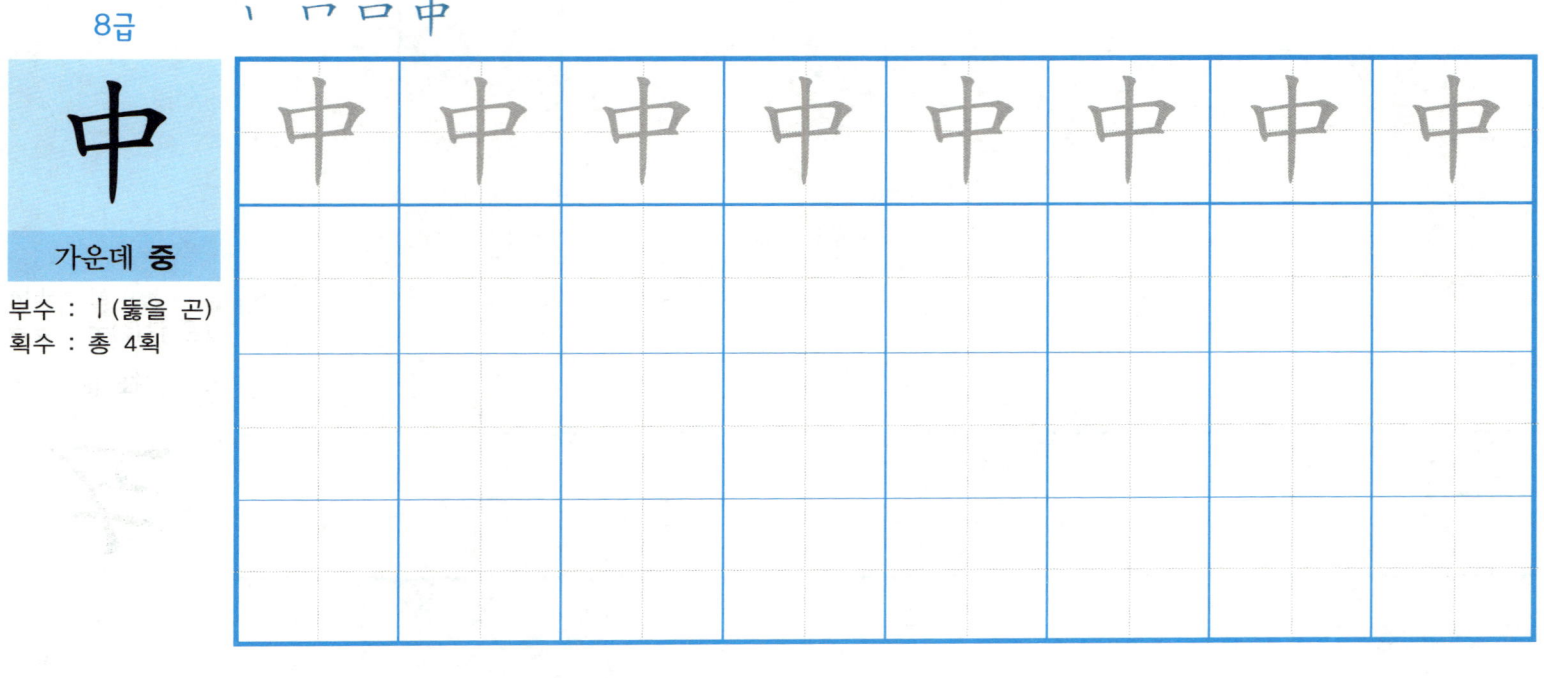

8급

中

가운데 **중**

부수 : ㅣ(뚫을 곤)
획수 : 총 4획

ㅣ �口 口 中

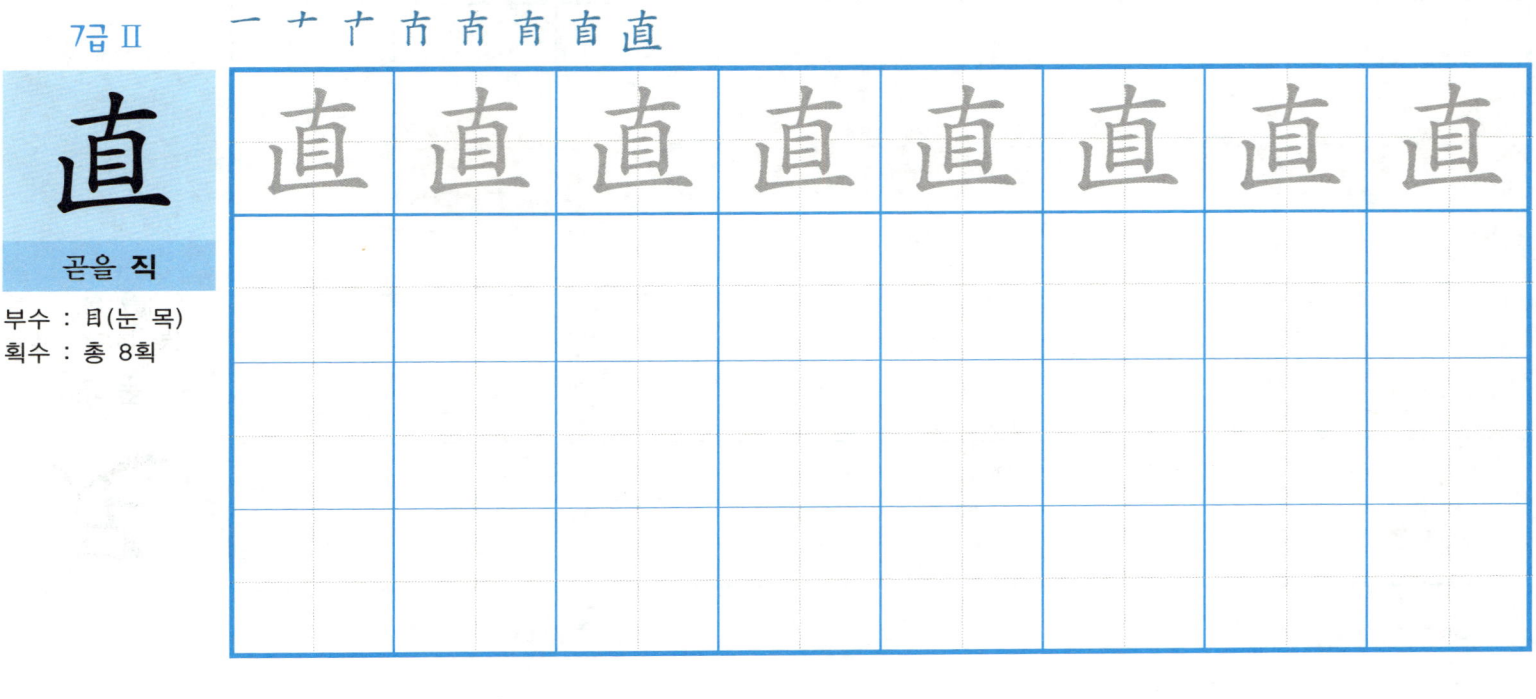

7급Ⅱ

直

곧을 **직**

부수 : 目(눈 목)
획수 : 총 8획

一 十 十 古 古 百 百 直

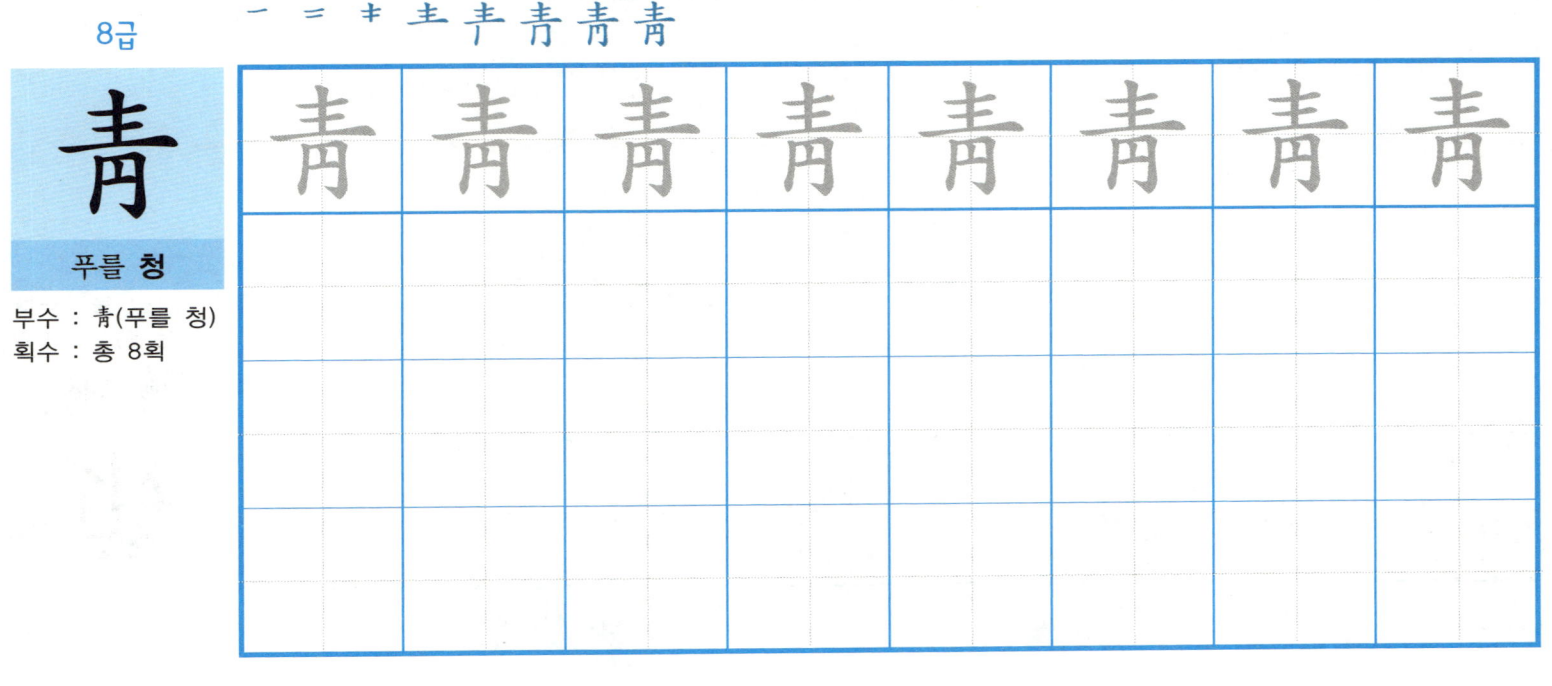

8급

青

푸를 **청**

부수 : 青(푸를 청)
획수 : 총 8획

一 二 キ 主 丰 青 青 青

배정한자(配定漢字) 쓰기

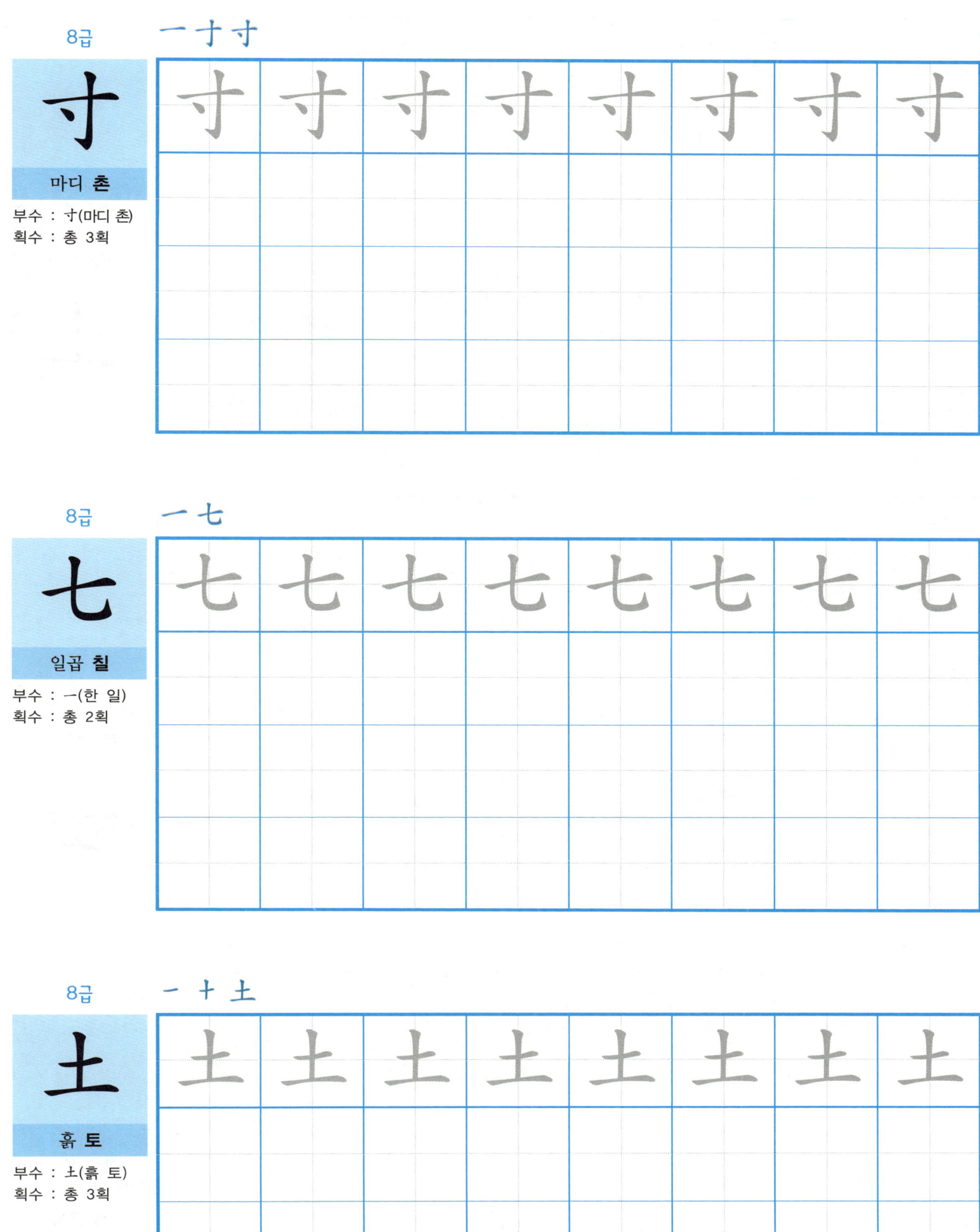

배정한자(配定漢字) 쓰기

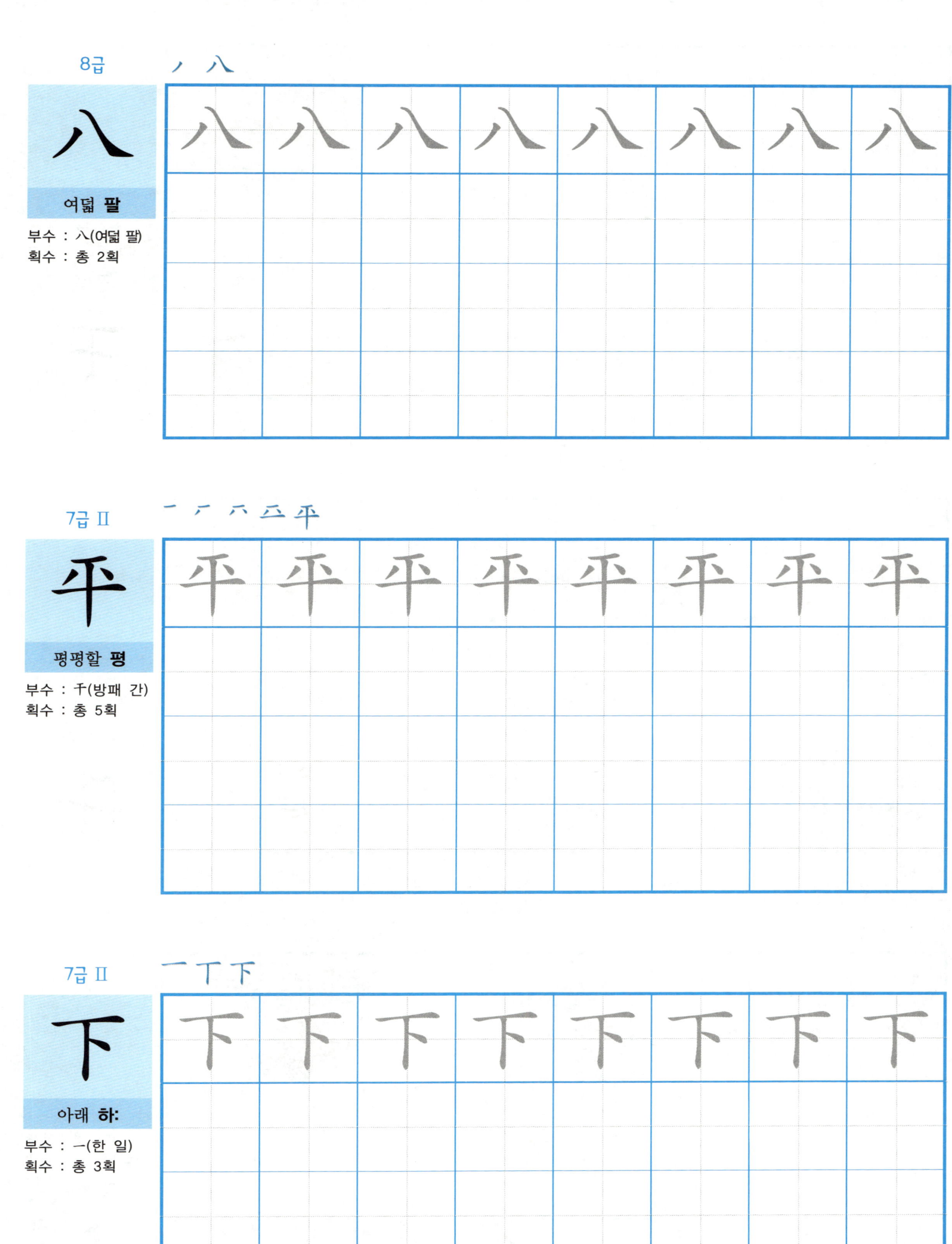

8급 ノ八

八
여덟 팔
부수 : 八(여덟 팔)
획수 : 총 2획

7급Ⅱ ー ノ ㄏ �459 平

平
평평할 평
부수 : 干(방패 간)
획수 : 총 5획

7급Ⅱ 一 丁 下

下
아래 하:
부수 : 一(한 일)
획수 : 총 3획

배정한자(配定漢字) 쓰기

8급

學
배울 학

부수 : 子(아들 자)
획수 : 총 16획

` ⺍ ⺍ F F ᄐ ⺍ 卽 卽 闕 闕 闕 學 學 學 學`

7급 II

漢
한수/한나라 한(:)

부수 : 水(물 수)
획수 : 총 14획

`丶 丶 氵 氵 氵 汁 汁 洪 洪 洪 漢 漢 漢 漢`

8급

韓
한국/나라 한(:)

부수 : 韋(가죽 위)
획수 : 총 17획

`一 十 古 古 古 卓 卓 卓 卓 卓 卓 韓 韓 韓 韓 韓 韓`

 배정한자(配定漢字) 쓰기

7급 II

海

바다 해:

부수 : 水(물 수)
획수 : 총 10획

` ゛ ; ; 汙 汪 海 海 海 海

海 海 海 海 海 海 海 海

8급

兄

형 형

부수 : 儿(어진사람 인)
획수 : 총 5획

丶 冂 口 尸 兄

兄 兄 兄 兄 兄 兄 兄 兄

8급

火

불 화(:)

부수 : 火(불 화)
획수 : 총 4획

丶 丶 丷 少 火

火 火 火 火 火 火 火 火

배정한자(配定漢字) 쓰기

7급 II

話
말씀 화

부수 : 言(말씀 언)
획수 : 총 13획

` ` ` ` ` ` ` 言 言 言 訁 訐 訐 話 話

活
살 활

부수 : 水(물 수)
획수 : 총 9획

` ` ` ` 氵 氵 浐 浐 活 活

孝
효도 효:

부수 : 子(아들 자)
획수 : 총 7획

一 十 土 耂 耂 孝 孝

後

훈음:

부수: 彳(두인변)
획수: 총 9획

7급 Ⅱ   ノ ノ ㇀ 彳 彳 社 社 後 後

後	後	後	後	後	後	後	後

명정정사(明正定思) 쓰기

한자능력검정시험
기출·예상문제집 7급Ⅱ

발 행 일 | 2025년 9월 10일
발 행 인 | 한국어문한자연구회
발 행 처 | 한국어문교육연구회
주　　소 | 경기도 남양주시 다산순환로 20 B동
　　　　　 3층 34호(다산현대 프리미엄캠퍼스몰)
전　 화 | 02)332-1275, 031)556-1276
팩　 스 | 02)332-1274
등록번호 | 제313-2009-192호
I S B N | 979-11-91238-80-8　13700

이 책의 무단 전재 또는 복제 행위는 저작권법 제136조에 의거 5년 이하의 징역 또는 5000만원 이하의 벌금에 처하거나 이를 병과할 수 있습니다.

정가 15,000원

  T. 02-332-1275, 1276 | F. 02-332-1274
www.skymiru.co.kr

기록 · 예악문치의 장
한국국학진흥원 소장

기록: 예악문치의 길
한국국학진흥원 상설전시실